Carl-Auer

Die Reihe
Management/Organisationsberatung

Die heutige Gesellschaft ist eine organisierte Gesellschaft. Man muss schon lange suchen, um überhaupt noch Bereiche zu finden, die nicht von Organisationen geprägt sind. Unternehmen jedweder Größe und Eigentumsform, Verwaltungen, Schulen, Gerichte, Krankenhäuser, Universitäten, Kirchen, Verbände, Parteien, Vereine etc. – allesamt übernehmen sie gesellschaftliche Funktionen und bestimmen unser Leben. Die Fülle an Aufgaben, die unter den Bedingungen zunehmender Globalisierung und Digitalisierung gleichzeitig zu erfüllen sind, wie auch die Bandbreite an Organisationskonzepten und Führungsansätzen, mit denen der komplexe Alltag bewältigt werden soll, stecken das Feld ab, in dem Management und Beratung mehr oder weniger wirksam werden.

Die Zeiten, in denen es einfache Antworten auf die vielfältigen Fragen zur Überlebenssicherung einer Organisation und auch zur Steuerung tagtäglicher Entscheidungsprozesse gab, sind seit Langem vorüber. Der Komplexität, mit der heute alle konfrontiert sind, die in verantwortlichen Funktionen in und mit Organisationen arbeiten – Führungskräfte, Manager und Organisationsberater etc. –, wird man mit Rezeptwissen nicht mehr gerecht. Hier setzen die neuere Systemtheorie und mit ihr die Reihe Management/Organisationsberatung im Carl-Auer Verlag an. Beide liefern Konzepte und »Landkarten«, die auch im unübersichtlichen Terrain von Wirtschaft und Organisation Orientierung ermöglichen und Handlungsfähigkeit sicherstellen.

Das Ziel der Reihe ist es, empirisch gehaltvolle Forschungen über die Prozesse des Organisierens wie auch theoretisch angemessene Führungs- und Beratungsansätze zu präsentieren. Zugleich sollen bewährte Methoden einer system- und lösungsorientierten Praxis im Kontext von Organisationen überprüft und neue Ansätze entwickelt werden.

Torsten Groth
Herausgeber der Reihe
Management/Organisationsberatung

Ute Clement

Frauen führen besser

Wahrnehmungshilfen für Männer (und Frauen)

Mit einem Geleitwort von Fritz B. Simon

2022

Mitglieder des wissenschaftlichen Beirats des Carl-Auer Verlags:

Prof. Dr. Rolf Arnold (Kaiserslautern)
Prof. Dr. Dirk Baecker (Witten/Herdecke)
Prof. Dr. Ulrich Clement (Heidelberg)
Prof. Dr. Jörg Fengler (Köln)
Dr. Barbara Heitger (Wien)
Prof. Dr. Johannes Herwig-Lempp (Merseburg)
Prof. Dr. Bruno Hildenbrand (Jena)
Prof. Dr. Karl L. Holtz (Heidelberg)
Prof. Dr. Heiko Kleve (Witten/Herdecke)
Dr. Roswita Königswieser (Wien)
Prof. Dr. Jürgen Kriz (Osnabrück)
Prof. Dr. Friedebert Kröger (Heidelberg)
Tom Levold (Köln)
Dr. Kurt Ludewig (Münster)
Dr. Burkhard Peter (München)
Prof. Dr. Bernhard Pörksen (Tübingen)
Prof. Dr. Kersten Reich (Köln)
Dr. Rüdiger Retzlaff (Heidelberg)

Prof. Dr. Wolf Ritscher (Esslingen)
Dr. Wilhelm Rotthaus (Bergheim bei Köln)
Prof. Dr. Arist von Schlippe (Witten/Herdecke)
Dr. Gunther Schmidt (Heidelberg)
Prof. Dr. Siegfried J. Schmidt (Münster)
Jakob R. Schneider (München)
Prof. Dr. Jochen Schweitzer (Heidelberg)
Prof. Dr. Fritz B. Simon (Berlin)
Dr. Therese Steiner (Embrach)
Prof. Dr. Dr. Helm Stierlin † (Heidelberg)
Karsten Trebesch (Berlin)
Bernhard Trenkle (Rottweil)
Prof. Dr. Sigrid Tschöpe-Scheffler (Köln)
Prof. Dr. Reinhard Voß (Koblenz)
Dr. Gunthard Weber (Wiesloch)
Prof. Dr. Rudolf Wimmer (Wien)
Prof. Dr. Michael Wirsching (Freiburg)
Prof. Dr. Jan V. Wirth (Meerbusch)

Themenreihe »Management und Organisationsberatung«
hrsg. von Torsten Groth
Reihengestaltung: Uwe Göbel
Umschlaggestaltung: Heinrich Eiermann
Umschlagfoto: © Tom Levold
Redaktion: Uli Wetz
Satz: Drißner-Design u. DTP, Meßstetten
Printed in Germany
Druck und Bindung: CPI books GmbH, Leck

Erste Auflage, 2022
978-3-8497-0431-5 (Printversion)
978-3-8497-8375-4 (ePUB)
© 2022 Carl-Auer-Systeme Verlag
und Verlagsbuchhandlung GmbH, Heidelberg
Alle Rechte vorbehalten

Bibliografische Information der Deutschen Nationalbibliothek:
Die Deutsche Nationalbibliothek verzeichnet diese Publikation
in der Deutschen Nationalbibliografie; detaillierte bibliografische
Daten sind im Internet über http://dnb.d-nb.de abrufbar.

Informationen zu unserem gesamten Programm, unseren Autoren
und zum Verlag finden Sie unter: **https://www.carl-auer.de/**.
Dort können Sie auch unseren Newsletter abonnieren.

Carl-Auer Verlag GmbH
Vangerowstraße 14 • 69115 Heidelberg
Tel. +49 6221 6438-0 • Fax +49 6221 6438-22
info@carl-auer.de

Inhalt

Geleitwort 7
Vorwort 11

1   **Einen Unterschied machen** 13
1.1 Lost in Translation 13
1.2 »Die Grenzen meiner Sprache bedeuten
     die Grenzen meiner Welt« 16
1.3 »Frauen sind zu ...« 19
1.4 Wo kommen wir her, wo gehen wir hin? 21
1.5 Fazit 23

2   **»Ich möchte lieber bei den Männern sitzen«** 25
2.1 Die Helden- und die Heldinnenreise 25
2.2 Die Stationen der Heldinnenreise 29
     Station 1: Die Trennung vom Weiblichen 29
     Station 2: Identifikation mit dem Männlichen 29
     Station 3: Der Weg der Prüfungen 30
     Station 4: Der illusorische Lohn des Erfolges 31
     Station 5: Starke Frauen können Nein sagen 32
     Station 6: Initiation und Abstieg 33
     *Station 7: Das Verlangen nach einer Wiederverbindung
     mit dem Weiblichen* 33
     *Station 8: Heilung der Spaltung zwischen
     Mutter und Tochter* 34
     Station 9: Den inneren Mann mit Herz finden 34
     Station 10: Jenseits der Dualität 35
2.3 Zurück zur Fallgeschichte 35
2.4 Fazit 36

3   **»Wir beurteilen hier nach Leistung«** 38
3.1 Die Frauenquote 38
     Quote: ja oder nein? 40
3.2 Die kurze Verweildauer von Frauen in Vorständen 42
3.3 Fazit 43

4   **Frauen in männerdominierten Umwelten** 45
4.1 Die Theorie über das »Bienenkönigin-Syndrom« 45
4.2 Unterschiedliche Erwartungen an Frauen und Männer 46

4.3 Der Umgang mit geschlechtsbasierter
Diskriminierung am Arbeitsplatz 47
4.4 Fazit 49

5 »Was sagt denn Ihr Mann dazu?« 50
5.1 Selbstbewusst vs. unsympathisch 50
5.2 Fallgeschichte (Feedbackrunde und Consulting) 51
5.3 Die Vereinbarkeit von Beruf und Familie 52
»Wie sieht denn Ihre Familienplanung aus?« 54
Das Verhältnis zwischen Staat und Erziehung 55
Die strikte Trennung zwischen Berufs- und Familienleben 57
5.4 »Doppelverdiener*innen« 58
5.5 Fazit 61

6 Frauen und Geld 63
6.1 Die unbereinigte Gender Pay Gap 65
6.2 Die bereinigte Gender Pay Gap 66
6.3 Die Gender Pay Gap: Ursachen, Statistik und
Ländervergleiche 66
6.4 Das Steuerrecht 73
6.5 Wie viel bin ich wert? 75
6.6 Gender-Finanzierungs-Gap statt nur Gender Pay Gap? 77
6.7 Fazit 79

7 »Wenn zu viele Frauen zusammen in Teams
sind, dann kippt die Stimmung« 81
7.1 Der Olympiaskandal 2021 81
7.2 Die soziale Dynamik in Gremien 82
7.3 Die Männer an der Seite mächtiger Frauen 83
7.4 Fazit 86

8 Mansplaining 88
8.1 Fazit 93

9 Das F-Wort 94
9.1 Die drei Wellen des Feminismus 94
9.2 Die vierte Welle 96
9.3 Fazit 101

10 Zum Schluss 102

Danksagung 104
Anmerkungen 105
Literatur 108
Über die Autorin 113

Geleitwort

Endlich! Ein lange überfälliges Buch, es ist geschrieben und publiziert! Dass Frauen besser führen – nicht alle und nicht immer, und manchmal führen auch Männer gut –, ist dem sorgfältigen Beobachter schon lange klar. Doch dies wird öffentlich kaum diskutiert. Es scheint ein tabuisiertes Thema: Wer es anspricht, muss mit Beschimpfungen rechnen (das ist auch meine eigene Erfahrung, nachdem ich in einem Blog diese Binsenweisheit verkündet habe).

Das meist hoch emotional (manchmal auch von Frauen) geäußerte Gegenargument lautet: »Es gibt nur gute oder schlechte Führungskräfte, und deren Fähigkeiten haben nichts mit dem Geschlecht zu tun.« Daher sei auch eine Quote für Vorstände und Aufsichtsräte gefährlich, weil Frauen dann nicht mehr aufgrund ihrer Kompetenzen in Leitungspositionen aufsteigen würden, sondern aufgrund ihres Geschlechts.

Doch das ist – man muss es so unmissverständlich ausdrücken – Quatsch, eine Scheinlogik, die lediglich Beleg der Unkenntnis des Funktionierens von Organisationen und Karrieremustern ist. Der erkenntnis- wie organisationstheoretische Irrtum, der dieser Argumentation zugrunde liegt, besteht in der stillschweigenden Annahme, der Aufstieg einer Person in eine Leitungsposition beweise deren Führungskompetenz. Da die überwältigende Mehrheit derjenigen, die solche Stellen innehaben und -hatten, in der Vergangenheit – wie auch aktuell immer noch – Männer waren und sind, wird daraus abgeleitet, dass deren Verhaltensmuster die Realisierung guter Führungspraxis sei.

Diese Logik folgt einem naiv-darwinistischen Muster: Der Fitteste kommt an die Spitze. Die Kriterien der Fitness leiten sich dann von den Qualitäten der Fitten, also der Männer, ab usw. Frauen, die es an die Spitze von Unternehmen oder anderen Organisationen schaffen wollen, müssen sich daher – auch dies eine stillschweigende Folgerung – so verhalten wie Männer. Daher versuchen Frauen, die in deutschen Unternehmen Karriere machen wollen, sich als Männer zu verkleiden: Das beginnt beim dunkelblauen Hosenanzug und hört auf bei der Verhüllung bestimmter Regionen des eigenen Stammhirns, d. h. ihrer emotionalen und sozialen Intelligenz.

Dieses organisationskulturelle Muster wird unter anderem dadurch am Leben erhalten, dass akademische Betriebswirte wie auch manche große Beratungsfirmen immer noch ihren Studenten und Kunden die – keiner evidenzbasierten Forschung standhaltende – irrige Idee vermitteln, Management sei eine Art Naturwissenschaft, und es gebe die eine, rationale Methode des Entscheidens. Vernünftige Führung und modernes Management müssten der von ihnen definierten Rationalität folgen, und daher spielten emotionale und soziale Kompetenzen keine wesentliche Rolle.

Da biologistische Erklärungen sich heute wieder einmal – es gibt da in der Geschichte regelmäßig wechselnde Wellenbewegungen – besonderer Beliebtheit erfreuen, ist es populär, den Unterschied zwischen männlichem und weiblichem Entscheiden biologisch zu erklären. Das macht z. B. die New York Times, wenn sie ausführlich über Studien berichtet (29.10.2021), nach denen Frauen als Investoren höhere Renditen erwirtschaften als Männer. Die zitierten Autoren und mit ihnen die NYT führen dies auf die Wirkung des Testosterons zurück: Es reduziere die Furcht, steigere die Gier und trage, das dürfte generell der entscheidende Faktor sein, zur Entstehung eines unangemessenen Selbstvertrauens (»Overconfidence«) bei: »It does wonderful things for muscle mass and reflex time but doesn't do much for judgment.«

So in etwa könnte wohl auch der Unterschied im Führungsstil von Männern und Frauen charakterisiert und erklärt werden. Aber man braucht keine biologischen Erklärungen, denn diese Verhaltensmuster lassen sich auch durch eine unterschiedliche Sozialisation erklären. Frauen zeigen sich zögerlicher, sind nicht so verdammt schnell mit ihren Entscheidungen, kosten Ambivalenzen mehr aus, d. h., sie leiden mehr unter ihnen, sie reduzieren die Komplexität der Welt nicht in so simplifizierender Weise, wie das viele Männer tun. (Ja, ja, ich gebe es zu: Ich pauschalisiere und spitze zu und werde daher vielen männlichen Führungskräften nicht gerecht.) Aber es sind ganz wichtige Merkmale, die vermeintlich den Charakter, vor allem aber das Entscheidungsverhalten von Menschen unterscheiden – ob es nun Männer oder Frauen sind. Allerdings gewinnen die hier (und auch allgemein) Frauen zugeschriebenen Eigenschaften gerade im Blick auf Führungsfragen eine zentrale Bedeutung. Sie werden im Unternehmens- und Organisationskontext meist negativ bewertet, sind aber – und das ist das eigentlich Brisante – Qualitäten. Denn die

Bereitschaft, Ambivalenzen zuzulassen, und die Toleranz gegenüber Ambiguität sind wesentliche Faktoren von Intelligenz bzw. Voraussetzung intelligenten Entscheidens. Wenn es um Fragen geht, deren Antworten nicht berechenbar sind, weil sich immer erst in der Zukunft erweist, ob eine hier und heute getroffene Entscheidung richtig und sinnvoll ist, sind das Abwägen von Optionen, das Aushalten von Ambiguität und das Zulassen von Ambivalenzen entscheidend für erfolgreiches Entscheiden. Schnelles Entscheiden kann in akuten Gefahrensituationen das Überleben sichern, wenn aber Zeit zur Reflexion und das Einbeziehen unterschiedlicher Perspektiven gegeben ist, dann ist es dumm, schnell zu entscheiden. Die viel gepriesene Entscheidungsfreude mancher »Macher« ist daher nur in der Krise eine Qualität, wenn Gefahr besteht und schnelles Handeln nötig ist. Für den Normalbetrieb einer Organisation, auch deren kontinuierliche Weiterentwicklung, ist sie destruktiv.

Der andere Umgang mit dem Faktor Zeit bzw. der Zeitdauer von Entwicklungsprozessen zeigt sich nicht nur im Führungsstil von Frauen und Männern, sondern auch in den unterschiedlichen Erfolgsstrategien langlebiger Familienunternehmen vs. börsennotierter Unternehmen. Auf der einen Seite wird Entscheidungen ein Zeithorizont zugrunde gelegt, der die Enkelgeneration in den Blick nimmt (»Enkelfähigkeit«), auf der anderen Seite wird gebannt auf Quartalsberichte und aktuelle Reaktionen von Analysten geschaut. Daher scheitern erfolgreiche Topmanager von börsennotierten Unternehmen nur zu oft, wenn sie als Fremdmanager mit der Leitung eines großen Familienunternehmens betraut werden.

Der Unterschied der Verhaltensweisen und Entscheidungsmuster, die Männer und Frauen erfolgreich werden lassen, ist ganz ähnlich. Männer liefern im besten Fall kurzfristig blendende Performances, riskieren dabei viel und gewinnen dabei auch manchmal viel (scheitern aber auch gelegentlich grandios), Frauen hingegen sorgen im besten Fall für das langfristige Wohl und Überleben von Organisationen (gelangen dabei aber nur selten ins Scheinwerferlicht der Öffentlichkeit).

Wahrscheinlich ist ja aber beides in der Führung nötig: das kurzfristige Aufwenden von Kraft, ja, auch Gier und fragwürdiges Selbstvertrauen (»Nichts Großes ohne Größenwahn!«) auf der einen Seite; und auf der anderen Seite geduldiges Abwägen von Risiken und Chancen des potenziellen Nutzens und der zu erwartenden Kosten von Entscheidungen – nicht nur aktuell, sondern auch in der Zukunft, und nicht nur im Blick auf Sachentscheidungen, sondern im Blick auf die Sozialdimension der Kommunikation, die Beziehungsebene. Denn – das wird immer wieder vergessen – Organisationen sind keine Maschinen, die nach dem Ingenieursmodell gesteuert werden könnten, sondern es sind soziale Systeme, das heißt, Kommunikationssysteme. Und daher ist Kommunikationskompetenz eine der zentralen Kompetenzen, die jede Führungskraft besitzen muss. Sie ist sogar noch wichtiger als rechnen zu können.

Das wird aktuell bereits in den vielfältigen »New Organizing«-Modellen deutlich und umzusetzen versucht, wo durch neue Kommunikationsmuster – fern der Hierarchie – z. B. die Intelligenz sozialer Prozesse, von selbstorganisierten Gruppen etc. genutzt wird. Die Welt ist so komplex geworden, dass die Kompetenzen jedes Einzelnen überfordert sind, um die lebenswichtigen Entscheidungen für Unternehmen zu treffen. Zur Organisation solcher Selbstorganisationsprozesse – denn sie finden nicht spontan statt – bedarf es spezifischer Führungsfunktionen, und dies sind spezifische soziale Kompetenzen.

Insgesamt spricht, um das Stichwort noch einmal aufzunehmen, viel für eine Quotenregelung. Bislang werden deutsche Unternehmensvorstände immer noch nach dem nicht mal mehr in Saudi-Arabien praktizierten Prinzip »Frauen dürfen nicht ans Steuer!« besetzt. Eine Regelung, die es selbstverständlich werden lässt, dass Frauen in Führungspositionen sind, würde generell die Intelligenz von Führung erhöhen und die Qualität der Entscheidungen aller Wahrscheinlichkeit nach steigern. Sie würde aber – um hier dem Mann-Frau-Unterschied zu guter Letzt etwas entgegenzusetzen – sowohl den Männern in solchen Führungsgremien erlauben, ihre »weiblichen«, als auch den Frauen ihre »männlichen« Qualitäten zu beweisen.

All das wird im vorliegenden Buch natürlich weit fundierter und durch Daten und theoretische Reflexionen gestützt von Ute Clement dargestellt, als es hier in einem Geleitwort geschehen kann. Jeder, ob Mann oder Frau, der oder die meint, es gebe nur gute Führung und keinen Unterschied zwischen Männern und Frauen in der Art, wie sie dies tun, sollte das Buch lesen, lesen müssen: eine Art »Impfzwang« gegen dysfunktionelle Ideen über Führung.

Prof. Dr. Fritz B. Simon
Prof. f. Führung und Organisation

Vorwort

Wen soll dieses Buch ansprechen? Ganz klar, das Gender-Thema richtet sich an alle Geschlechter: Frauen und Männer sowie nichtbinäre und andere Geschlechteridentitäten. Die Teilhabe aller ist keine bloße Option, sondern unabdingbar für die zukünftige Ausrichtung der Wirtschaft. Die Börse investiert in die Zukunft – reine Männerführungsgremien sind also so gut wie Braunkohle im Abbau. Mir ist es außerdem auch wichtig, jüngere Generationen aufmerksam zu machen und mit ins »Feministinnen«-Boot zu holen. Es geht immerhin auch – oder vor allem – um ihre Zukunft.

Die Pandemie hat gezeigt, dass Regierungschefinnen besonnener, weniger emotional und weitsichtiger in der pandemiebedingten Situation agiert haben als am Effekt orientierte männliche Regierungschefs. Frauen führen besser.

»Passion for Change« – mit diesem Slogan arbeite ich seit 1995 in der internationalen Unternehmensberatung mit dem Ziel, dass alle Beteiligten vom Wandel profitieren. Mir ist es wichtig, deutlich zu machen, dass ein Wandel zum Gewinn aller nur dann möglich ist, wenn auch alle an der Herbeiführung des Wandels beteiligt sind: Frauen müssen in allen Bereichen und an allen Zukunftsthemen, wie z. B. Klimaarbeit, beteiligt sein. Wie Ruth Bader Ginsburg, die Richterin am US-amerikanischen Supreme Courts (und eine Ikone der Frauenbewegung), 2009 sagte: »Women belong in all places where decisions are being made« (vgl. Cary 2009), denn die Überlebensfähigkeit von Organisationen ist besser gesichert, wenn Frauen an Entscheidungen und Macht teilhaben.

Leider muss ich feststellen, dass es Frauen aus den unterschiedlichsten Gründen nach wie vor schwer gemacht wird an wesentlichen Themenbereichen und Entscheidungen teilzuhaben, bzw. sie davon gänzlich ausgeschlossen bleiben. 2022 markiert bereits die dritte Dekade des 21. Jahrhunderts und die Diskussion zum Thema »Gleichberechtigung« dreht sich weiter im Kreis, sollte aber nun wirklich kein Streitpunkt mehr sein und ein für alle Mal geklärt werden. Es muss nun wirklich eine qualitative Veränderung in der Teilhabe von Frauen in allen Bereichen sichtbar und spürbar sein, denn erst wenn man/frau einen Unterschied macht, können Sachverhalte hervorgehoben und besprechbar gemacht werden.

Ute Clement
Heidelberg, im Januar 2022

1 Einen Unterschied machen

Sprache formt unser Bewusstsein und unsere Wahrnehmungen. Die Debatte über das Gendern wird erbittert geführt. Schon bei meiner Lehre in der Bank wollte ich Bankkauffrau sein und habe mich geweigert, die Urkunde als Bankkaufmann anzunehmen. Die Bank wollte mir auch keine Geschlechtsumwandlung zahlen. Warum ist es denn im Deutschen so schwer, sowohl die weibliche als auch die männliche Form zu nutzen? Lehnen Sie sich einen Augenblick zurück, denken Sie an einen Prokuristen – welches Bild entsteht? Genus hin oder her. In diesem ersten Kapitel soll gezeigt werden, warum es wichtig ist, einen Unterschied zu machen, um einen Sachverhalt besprechbar zu machen. Es soll aber auch auf die Schwierigkeiten hingewiesen werden, die bei einer solchen Unterscheidung aufkommen können. Hier soll nun die Unterscheidung zwischen »Gleichheit« und »Gleichberechtigung« in der deutschen Sprache gezeigt werden; beide Begriffe werden im Englischen mit *equality* übersetzt. Für den deutschen Begriff »Geschlecht« gibt es aber zwei englische Übersetzungen: *sex* und *gender*. Außerdem wollen wir uns anschauen, wo wir momentan in der Genderforschung stehen: was bereits erreicht wurde und woran noch weitergearbeitet werden muss. Die, die in der Genderforschung zu Hause sind, werden mit solchen Unterscheidungen wie *sex* und *gender* bereits vertraut sein, dies soll in diesem Kapitel aber noch einmal verständlich für diejenigen dargestellt werden, die sich nicht tagtäglich mit der Materie beschäftigen, aber unbewusst mit Sprache umgehen und vor allem die Konsequenzen nicht bedenken, die ein nachlässiger Umgang mit Sprache nach sich zieht. Um diesen Sachverhalt genauer zu betrachten und zu erklären, werden wir uns hauptsächlich auf die Arbeiten von Judith Butler (*Undoing gender*) beziehen sowie den Sammelband *Geschlechterverwirrungen* von Rendtdorff, Mahs und Warmuth.

1.1 Lost in Translation

Im englischen Sprachgebrauch werden sowohl »Gleichheit« als auch »Gleichberechtigung« mit *equality* übersetzt. Beide Begriffe werden also synonym verwendet – vor allem im Deutschen kann das bei der

Übersetzung zu Missverständnissen führen. Gleichheit bedeutet nämlich nicht auch Gleichberechtigung. Gleichberechtigung beinhaltet, dass einer Person gesetzlich die gleichen Rechte zugebilligt werden, unabhängig von Geschlecht, Nationalität, Religion etc.[1] Demgegenüber steht Gleichheit für die »Übereinstimmung in allen oder wesentlichen Merkmalen«.[2] Gleichheit ist außerdem keine Voraussetzung für Gleichberechtigung – niemand streitet ab, dass die Körper von Mann und Frau nicht gleich sind. Die Verschiedenheit von Mann und Frau geht über biologische Merkmale hinaus, die dann für die unterschiedliche Behandlung der Geschlechter verantwortlich sind.

Die Ausdrücke *Gleichheit* und *Gleichberechtigung* werden im Englischen zwar unter dem Begriff *equality* zusammengefasst, aber wenn es um das Geschlecht geht, wird zwischen *sex* und *gender* unterschieden. *Sex* bezeichnet das biologische Geschlecht, welches aufgrund anatomischer Merkmale bei der Geburt zugewiesen wird – es gilt als unveränderlich. Zumindest nach dem Konzept, auf das sich die binäre Geschlechterordnung bezieht. Natürlich sind Umwandlungen des »natürlichen Geschlechts« durchaus möglich und stehen allen, die sich als transgender identifizieren, zur Verfügung.[3] Die erste geschlechtsangleichende Operation wurde 1932 an Dora Richter von Magnus Hirschfeld in Berlin vorgenommen. Er prägte auch die Begriffe »transsexuell« und »Transvestitismus«.

Dem »natürlichen Geschlecht« gegenüber steht *gender*; *gender* bezeichnet das sozial konstruierte Geschlecht, welches unabhängig von *sex* ist und nicht mit dem anatomischen Geschlecht übereinstimmen muss – es gilt als wandelbar. *Gender* ist eng mit der Identität eines Individuums verknüpft und ist Ausdruck des Selbst[4]. Aus diesem Grund ist *gender* auch eine Performance: »a kind of doing«[5]. Die Performance findet meist statt, ohne dass wir etwas aktiv tun oder bemerken. Das Konzept *gender* als historische und performative Kategorie ist äußerlichen Einflüssen ausgesetzt. Das bedeutet, dass das soziale Konstrukt *gender* nicht von uns als Individuum bestimmt wird – oder zumindest nicht ausschließlich. Soziale Normen, äußere Einflüsse und persönliche Erfahrungen, die die Außenwelt uns zufügt, prägen, was als feminines oder maskulines (oder sonstiges) *gender* wahrgenommen wird. *Gender*, so Butler, ist eine kulturelle Konfiguration des anatomischen Körpers, und *sex* ist zwangsläufig in einem kulturellen Kontext zu betrachten.[6] *Gender* wird produziert, indem scheinbar willkürlich gewählte Attribute dem biologischen Geschlecht zugeordnet werden.

Weiblichkeit wird demnach dem anatomisch weiblichen Körper zugeteilt; was genau Weiblichkeit ist und ausmacht, ist abhängig von historischem und sozialem Wandel, geopolitischen und kulturellen Grenzen, aber auch davon, wer den Begriff »Weiblichkeit« in Zusammenhang mit wem und zu welchem Zweck konzipiert.[7]

Es lässt sich sagen, dass die Performance von *gender* immer von außen beeinflusst wird und gleichermaßen auf etwas abzielt, das außerhalb des Selbst liegt.[8] So kommen wir als Gesellschaft z. B. nicht davon los, die Farbe Blau mit Jungen und die Farbe Rosa mit Mädchen zu assoziieren. Bereits zur Geburt bekommen Eltern Karten und Geschenke in Blau, wenn sie männlichen, und in Rosa, wenn sie weiblichen Zuwachs bekommen haben. Sogar schon vor der Geburt werden vor allem in den USA Gender Reveal Parties (Geschlechtsenthüllungspartys) gefeiert. Das sind Zusammenkünfte, zu welchen werdende Eltern einladen und bei denen es ausschließlich darum geht, Freund*innen und Verwandten das Geschlecht des noch ungeborenen Kindes zu enthüllen, z. B. durch Luftballons, aus denen es dann blaues oder rosa Konfetti regnet. Die jeweilige Assoziation von Blau und Rosa zieht sich weiter durch die Kindheit, und auch beim Spielzeug ist die Einteilung in binäre Genderkategorien offenkundig. Eisenbahnen, Autos etc. werden an Jungs vermarktet, während Puppen oder Spielküchen primär an Mädchen vermarktet werden. Ein kurzer Blick auf die Website eines Spielwarenhändlers reicht schon aus: Dort werden Mädchen und Jungen bereits in Kategorien eingeteilt, damit der Nutzer oder die Nutzerin spezifisch nach Spielzeug suchen kann. Klickt man/frau auf die Kategorie »Mädchen«, dominiert natürlich auch hier die Farbe Rosa und die Subkategorien: »Küche & Laden«, »Puppen & mehr« und »Malen & Basteln« stehen zur Auswahl; die Marken »Barbie« und »Baby born« können auch direkt angeklickt werden. Es gibt außerdem – anstatt einfach nur Lego – Lego Friends; mit geschwungener lila Schrift und dem Schmetterling wird angezeigt: »Das ist das Lego für Mädchen.« Klickt man/frau auf die Kategorie »Jungen«, findet man/frau dort jede Farbe außer Rosa und Lila. Die Subkategorien hier lauten »Actionfiguren«, »Werkbänke« und »Bauen & mehr«. Die vorgeschlagenen Marken, die direkt verlinkt werden, sind hier das ganz normale Standard-Lego, Hot Wheels und Carrera. Auch das Marketing durch Bilder, Beschreibungen und in Werbespots ist sehr von Geschlechterrollen geprägt. Die Wasserspritzpistole und Dinosaurierfiguren werden für Jungen beworben, und die Werkbänke und Werkzeugkästen sollen handwerkliches Geschick fördern. Auf den Werbebildern der Baby-born-Puppe sind ausschließlich Mädchen zu sehen, wie sie die Puppe füttern, wickeln etc. Ihre lebensechten Funktionen werden besonders hervorgehoben, die für ein »authentisches Spielvergnügen« sorgen, ganz so, als solle das Spielen auf das Muttersein vorbereiten. Man/frau kann ihr auch noch »hübsche Kleidung« an- und ausziehen, und mit dem Frisierkopf können die neuesten Trends zu Hause von »kleinen Stylistinnen« nachgemacht werden. Bei den Spielwaren für Jungen geht es eindeutig darum, Fähigkeiten zu fördern; bei den Spielwaren für Mädchen wiederum geht es darum, sie aufs Muttersein vorzubereiten und hübsch auszusehen.

Es ist aber nicht nur das Spielzeug und seine Bewerbung, die für die Weiterverfolgung und Verfestigung von Stereotypen bereits bei Kindern sorgt, bestimmte Verhaltensweisen werden auch, je nach Geschlecht, unterschiedlich belohnt. Jungen sind durchsetzungsfähig und wissen, was sie wollen, Mädchen sind bei gleicher Verhaltensweise rechthaberisch und herrisch. Wir werden von klein auf in diese Wahrnehmung hineingezogen, und nach allem Fortschritt ist sie immer noch unglaublich durchsetzungsstark.

1.2 »Die Grenzen meiner Sprache bedeuten die Grenzen meiner Welt«[9]

Ludwig Wittgenstein schrieb dies in seinem *Tractatus logico-philosophicus* (erstmals 1922 veröffentlicht). Was er damit meinte, ist, dass die Welt mit Logik erfüllt sei und dass somit die Grenzen der Welt auch die Grenzen der darin herrschenden Logik seien. Wenn wir der Logik folgen, so können wir, laut Wittgenstein, nicht sagen, was es in der Welt gibt und was nicht, denn was wir nicht denken bzw. was wir uns nicht vorstellen können, können wir auch nicht mit Worten ausdrücken.

Gendergerechte Sprache hat in den vergangenen Jahren zunehmend an Fahrt aufgenommen. Besonders die neue Sprechweise, die Genderlücke, bei der man/frau eine kleine Pause zwischen der männlichen und weiblichen Form eines Wortes macht, z. B. Politiker*innen (_ = Glottisschlag [»Stimmritzenverschlusslaut«]), wird zunehmend auch in Rundfunk und Fernsehen genutzt. Es ist ein Statement, diese Sprachform zu nutzen oder eben auch nicht zu nutzen.

Als Reaktion auf die zweite Frauenbewegung (meines Erachtens seit 1968) waren die 2000er zum Großteil von einer kritischen und ablehnenden Haltung gegenüber dem Feminismus geprägt – nach den Mottos »Das brauchen wir doch heute, in unserer Zeit, nicht mehr!« und »Wir sind doch inzwischen alle gleichberechtigt!«. In den USA lebt diese ablehnende Haltung gegenüber Genderfragen spätestens seit Trumps Wahl zum US-Präsidenten auch in der Mainstream-Popkultur wieder auf. Seiner Wahl folgten andererseits zahlreiche Proteste über den gesamten Globus verteilt und Bewegungen wie #TimesUp und #MeToo explodierten auf Social-Media-Plattformen.

Durch die öffentliche Verlagerung des Fokus auf Fragen der Gleichberechtigung ist auch die Debatte über gendergerechte Sprache in der Öffentlichkeit wieder neu entfacht. Gendern oder nicht gendern? – das ist hier die Frage. Bzw. werden häufig Stimmen laut, die meinen, dass das Ganze zu weit gehe, nicht zur Besserstellung der Frau beitrage, die deutsche Sprache zerstöre und unleserlich mache: »Gender-Unfug« wie es der Verein Deutsche Sprache nennt.[10] Ein beliebtes Argument derjenigen, die um die Leserlichkeit der Sprache besorgt sind, ist, dass zwischen dem grammatischen Geschlecht »Genus« und dem natürlichen Geschlecht »Sexus« keine Korrelation existiert und die Klassifizierung völlig arbiträr ist. Eine solche Annahme (Korrelation zwischen Genus und Sexus) wird vom VDS (Verein Deutsche Sprache e. V.) als »Generalirrtum«[11] abgetan. Damaris Nübling nimmt das Genus-Sexus-Prinzip in ihrer Arbeit *ÜberEmpfindlichkeit? Die Geschlechter in der Sprache* genauer unter die Lupe und widerlegt so die Aussage des VDS. Sie schreibt, dass Wörter, deren feste Bedeutungen weiblich sind, auch mit dem femininen Artikel einhergehen, während solche Wörter, deren feste Bedeutungen männlich sind, mit dem maskulinen Artikel einhergehen, und nennt die folgenden Beispiele: die Frau, die Mutter, die Tante – der Mann, der Vater, der Onkel. Sie führt weiterhin an, dass das Prinzip auch auf Fremdwörter und Bezeichnungen von Nutztieren angewendet wird: z. B. die Queen, die Lady und die Kuh, der Ochse. Sie führt fort und macht deutlich, dass das Neutrum gar nicht so neutral ist, wie es scheint.[12] Sie zeigt anhand von Beispielen, dass »das (exkommunizierten) Außenseiter[n] und Rollenversager[n]«[13] vorbehalten ist. »Das« wird daher vor abwertende Schimpfwörter (z. B. das Weib), nicht gesellschaftsfähige [...] Frauen[14]« (z. B. das Frauenzimmer) und vor »unfertige Frauen, die erst mit Ehe und Mutterschaft in den sogenannten dritten und letzten Geschlechtszustand aufsteigen«[15] (z. B. das Mädchen) gestellt. Sie weist darauf hin, dass das Neutrum häufig mit dem Suffix »-chen« oder »-lein« gebildet wird, die außerdem noch Kleinheit und Minderwertigkeit ausdrücken. Das Antonym zu »Mädchen« unterliegt aber nicht derselben Kategorisierung und geht ebenfalls mit dem Maskulinum einher: der Junge. Abwertende Begriffe für Männer, die nicht dem stereotypischen Ideal entsprechen, werden nicht ins Neutrum, sondern ins Femininum gesetzt: z. B. die Memme.[16] Eine interessante Frage hierbei ist, ob das Genus an sich bereits Geschlechtsassoziationen hervorrufen kann, denn das Genus von Gegenständen beeinflusst ihre dargestellte Personifizierung. Z. B. wird *die* Teekanne im Disneyfilm *Die Schöne und das Biest* als Frau dargestellt, und *der* Kerzenleuchter wird als Mann dargestellt. Das beweisen außerdem auch Märchen, die personifizierte Tiere zeigen.

Des Weiteren übt das Genus Einfluss auf unsere soziale Wahrnehmung und die semantischen Assoziationen, die wir mit einem Begriff verbinden, aus. So fällt es uns z. B. schwer, uns eine Frau vorzustellen, wenn von einem Arzt die Rede ist. Es gibt zu diesem Thema zahlreiche Studien, die belegen, dass wir bei einem Arzt, Politiker oder einem Lehrer in erster Linie an einen Mann denken. Ob die Berufsbezeichnungen einen »typischen Frauen- oder Männerberuf« bezeichnen, ist dabei nicht von Bedeutung und trifft in beiden Fällen zu.[17] Wenn unsere Sprache also aussagt, dass Ärzte etc. männlich sind, dann sagt das, wenn auch indirekt und unterbewusst, dass diese Rollen Männern vorbehalten sind. So begrenzt unsere Sprache auch unsere Welt und unsere Vorstellungen vom Möglichen.

Aber alle Beweise und Ergebnisse aus Studien reichen nicht aus, um Gegner und Gegnerinnen der gendergerechten Sprache zu überzeugen. Sie halten daran fest, dass die Erwähnung beider Geschlechter (Lehrer und Lehrerinnen oder LehrerInnen) oder andere Formen, die auch Raum für nichtbinäre Geschlechter lassen (Lehrer*innen oder Lehrer_innen) den Lese- und Sprachfluss stört, dass die Sprache unleserlich gemacht und verunglimpft wird. Darüber hinaus wird darüber geklagt, dass man/frau durch Anwendung, oder Nichtanwendung von gendergerechter Sprache direkt einer Ideologie zugeteilt wird. Eine häufig angewandte Taktik, um die deutsche Sprache zu »schützen«, ist es, gendergerechte Sprache ins Lächerliche zu ziehen: Es wird dann z. B. angemerkt, dass man/frau dann ja auch »Salzstreuer und Salzstreurin« sagen müsste.[18] Dabei wird nicht beachtet, dass der Salzstreuer keine wirklichen Personen beschreibt,[19] so wie das bei Berufsbezeichnungen der Fall ist. Damit wird ein Minibeispiel herangezogen in der Absicht, die ganze Bewegung mithilfe eines rhetorischen Mittels ins Lächerliche zu ziehen und für nichtig zu erklären. Gendergerechte Sprache wird weiterhin entwertet, indem darauf hingewiesen wird, dass der Einzug von gendergerechter Sprache nicht auch den Einzug von mehr Frauen in Entscheidungsgremien bedeutet.[20] Es mag zwar stimmen, dass die Einführung gendergerechter Sprache allein nicht die Lösung aller Probleme ist, aber wie bereits erwähnt, hat die Sprache großen Einfluss auf unser Denken und die Bilder in unserem Kopf. Die Beziehung zwischen Sprache und Gesellschaft ist reziprok, und beide beeinflussen sich gegenseitig. Wenn die Gesellschaft sich weiterentwickelt, muss die Sprache nachziehen. Gleichzeitig kann die Sprache aber auch auf das Denken und semantische Vorstellungen einwirken. Wenn man/frau die Sprache also tatsächlich schützen will, darf man/frau sich nicht gegen ihren Wandel stellen, sondern muss ihn begrüßen. Denn nur der Wandel kann eine Sprache vor ihrem Tod schützen. Sprache muss sich tatsächlich weiterentwickeln und sich wandeln, um am Leben zu bleiben und weiterhin gesprochen zu werden.

1.3 »Frauen sind zu ...«

Die Moderne ist besonders bemüht um die strenge Trennung zwischen Anatomie und sozialem Konstrukt: *sex* vs. *gender*. Dies führt Paula-Irene Villa in *Bodies matter. Zur Materialität und Relevanz von (Geschlechts-)Körpern* auf die zweite Frauenbewegung und Hedwig Dohms (vgl. 1893) Kritik an der Natur des Weiblichen zurück. Aufgrund ihres »natürlichen« biologischen Geschlechts *(sex)* wurden Frauen jahrhundertelang von bestimmten Bereichen des öffentlichen Lebens ausgeschlossen, vor allem im Bereich Bildung und Politik. Es galt die Annahme, dass zwischen der Anatomie der Frau und ihren Eigenschaften sowie ihrer intellektuellen Kapazität eine direkte Korrelation besteht. Diese Naturalisierung macht die Natur oder vielmehr die angebliche Natur des Weiblichen für eine Reihe »weiblicher« Eigenschaften verantwortlich wie z. B.: Emotionalität, Irrationalität, Mütterlichkeit und Tugendhaftigkeit.[21] Dass diese Eigenschaften der natürlichen Weiblichkeit zugeteilt werden, hat zur Folge, dass die Frau gleichzeitig idealisiert und romantisiert, aber auch abgewertet wird.[22] Im Viktorianischen England (ca. 1830–1900) entwickelte sich ein regelrechter Kult um »ideal womanhood« (ideale Weiblichkeit) und »the angel in the house« (den Engel des Hauses), der die Ehefrau und Mutter fast schon als Heilige verehrte und der Familie wie ein Moralkompass diente. Hedwig Dohm und die zweite Frauenbewegung um 1900 insgesamt beharrten darauf, dass diese angebliche Natur der Weiblichkeit gar keine Natur sei, sondern nur als Sündenbock dienen solle, der als Erklärung für jegliches Fehlverhalten der Frau und der Menschen herhalten müsse. Der Ausschluss von Frauen aus ausgewählten Bereichen des Lebens ist nicht das einzige Beispiel für den Ausschluss einer Gruppe nur aufgrund äußerer Merkmale, die sie daran hindern, als vollwertige Menschen anerkannt zu werden. Durch solche biopolitischen Mechanismen[23] werden in unserer heutigen Gesellschaft z. B. Kinder und Menschen mit Handicaps besonders aus solchen Bereichen ausgeschlossen, in welchen Entscheidungsprozesse stattfinden.[24]

Judith Butler begann in den 1990er-Jahren diese Vorgehensweise der strikten Trennung zwischen *sex* und *gender* infrage zu stellen: »[...] möglicherweise [ist] das Geschlecht (sex) immer schon Geschlechtsidentität (gender) gewesen«.[25] Villa macht deutlich, dass dies bedeutet, dass die biologische Seite der Geschlechtlichkeit nur durch die kulturelle Brille einer spezifischen Vorstellung von Geschlechtlichkeit gesehen werden kann.[26] Die ursprüngliche Kritik der zweiten Frauenbewegung aber wandte sich nicht gegen die biologische Unterschiedlichkeit zwischen den Geschlechtern, sondern gegen »die naive und allzu einfache Annahme einer Geschlechtskörper-Natur jenseits sozialer Praxen«[27]. Der kleine Unterschied darf demnach nicht dazu verwendet werden, uns in Klassen einzuteilen, die in hierarchischer Beziehung zueinanderstehen und ihm so mehr Bedeutung zuschreiben, als ihm zusteht.[28] Angesichts dessen soll aber darauf hingewiesen werden, dass es grundsätzlich nicht falsch ist, zwischen den Geschlechtern einen Unterschied zu machen. Man/frau darf dabei nur nicht auf die Schiene »Frauen sind einfühlsamer, deshalb ...« geraten, damit tappt man/frau nämlich in die Falle und ist wieder beim Bild der mütterlichen, tugendhaften und emotionalen, aber auch der irrationalen Frau. Der Titel des Buchs selbst enthält einen Komparativ – »Frauen führen besser« – und wurde bewusst deshalb gewählt, weil er so provokativ ist, und in dem Bewusstsein, dass eine solche Aussage viele Fragen aufwirft und Beweise verlangt.

1.4 Wo kommen wir her, wo gehen wir hin?

Die Bundesregierung setzt auf die Genderforschung und unterstützt und fördert sie mit einer Reihe von Projekten. Einmal pro Legislaturperiode wird ein Gleichstellungsbericht auf der Grundlage genderorientierter Forschung erarbeitet, der zeigt, in welchen Bereichen gesellschaftspolitische Fortschritte essenziell sind, damit die Forderung nach Chancengleichheit verwirklicht werden kann. Diese Projekte sind darauf angelegt, strukturelle Veränderungen herbeizuführen, eine innovative Kultur zu ermöglichen und den Weg für Frauen in Führungspositionen, vor allem in (Natur-)Wissenschaft und Wirtschaft, aber auch in »bislang vernachlässigten Bereichen«,[29] zu ebnen. Dabei orientieren sich die Projekte an drei Themenschwerpunkten:

1. »Berufsorientierung«,
2. »Organisationsstrukturen und Karriereverläufe in Wissenschaft und Wirtschaft«,
3. »Geschlechtsspezifische Fragestellungen in aktuellen Forschungsfeldern«.

»Berufsorientierung« ist dazu da, Erkenntnisse über Studien- und Berufswahlprozesse zu verbreiten. Das wiederum soll neue Wege in die Berufsfindung eröffnen und Entscheidungen bezüglich der Ausbildung in zukunftsträchtigen Bereichen unterstützen. »Organisationsstrukturen und Karriereverläufe in Wissenschaft und Wirtschaft« beschäftigt sich mit der Analyse von Bedingungen von Karriereverläufen in unterschiedlichen Bereichen sowie von unterschiedlichen Phasen der Berufslaufbahn, Berufungsverfahren und Rekrutierungsstrategien an Hochschulen. Außerdem wird auch die Vereinbarkeit von Wissenschaft (Beruf) und Elternschaft analysiert. »Geschlechtsspezifische Fragestellungen in aktuellen Forschungsfeldern« sorgt für die Integration von Genderaspekten, die die Innovationskraft der Forschung stärken und die »bedarfsgerechte Umsetzung von Forschungsergebnissen«[30] ermöglichen – dass also das, was erforscht wird, auch praktisch in der Gesellschaft angewandt werden kann. Die Bundesregierung fördert außerdem den Transfer und die Vernetzung mit anderen Nationen über Strategien, die die Durchsetzung von Chancengerechtigkeit für Frauen gewährleisten sollen und baut so innovative Forschungskooperationen auf bzw. weiter aus.

Das Innovationspotenzial der Genderforschung, so das Bundesministerium für Bildung und Forschung, ist deshalb so wichtig, weil es für gesellschaftliche Veränderung genutzt werden und Chancengleichheit verwirklicht werden kann.[31] Das große Interesse der Bundesregierung an Genderforschung wird damit begründet, dass Forschungsfragen unbedingt systematisch geschlechterdifferenziert betrachtet werden müssen und uns grundlegende Erkenntnisse über sogenannte Verzerrungseffekte liefern können, die abhängig sind von »den Wahrnehmungen und Erwartungen der beteiligten Personen«.[32] Die Erkenntnisse sollen zum Vorschein bringen, wie solche Effekte erkannt und vermieden werden können. Darauf aufbauend, können politische Maßnahmen geschlechtersensibel gestaltet werden.[33] Und die Förderung zeigt Wirkung. In der Medizin werden sowohl Männer als auch Frauen (aber auch Kinder, Senioren und junge Erwachsene) bei der Erforschung von Krankheiten, ihren unterschiedlichen Symptomen und Therapien berücksichtigt. In einem Bericht des BMBF (Bundesministerium für Bildung und Forschung) wird deutlich gemacht, dass auch Männer z. B. an Brustkrebs erkranken können.[34] Stereotypisch wird dieses Krankheitsbild nur mit Frauen in Verbindung gebracht. Ebenso war es lange Zeit normal bei der Erforschung von Krankheiten, wie z. B. dem Herzinfarkt, nur am männlichen Körper zu forschen, aber Symptome, der Krankheitsverlauf und auch die Wirkung von Medikamenten können bei Mann und Frau verschieden sein. Eine weitere positive Wirkung der Förderung durch die Bundesregierung ist, dass die Genderforschung inzwischen in der Wissenschaftslandschaft als verankert gilt: Es existieren ca. 200 »Professuren mit einer Voll- oder zumindest einer Teildenomination ›Frauen- und Geschlechterforschung/Gender Studies‹« an deutschsprachigen Hochschulen«[35] (Stand Juli 2019). Die Genderforschung hat demnach die gleichen Chancen auf Förderung wie andere Gebiete in der Wissenschaft.

All die Förderung ist aber hauptsächlich theoretischer Natur und konzentriert sich, zumindest lässt sich das den Berichten des BMBF so entnehmen, auf Forschung und Erkenntnisse, die dann zu praktischen Maßnahmen zur Besserung führen sollen. Sie sorgen zwar für das Bewusstsein von Gendersensibilität, sie beschränkt sich aber auf die Welt der Wissenschaften, und die Genderforschung bleibt somit einem Umfeld vorbehalten, in dem jede*r bewusst und bekennend gendergerechte Sprache einsetzt. Außerdem reicht Bewusstsein allein nicht dafür aus, etwas zu verändern. Die Tatsache bleibt, dass, wenn man/frau die oberen Ränge in der Unternehmenshierarchie betrachtet, dort Frauen immer noch deutlich unterrepräsentiert sind. Das lässt sich am Beispiel der Universität veranschaulichen: Über 50 % der Studierenden sind weiblich und schließen in den meisten Fällen ihr Studium mit Bestnoten ab.[36] Aber wenn man/frau sich die Professuren und Lehrstühle anschaut, sind dort kaum Frauen vertreten. Geschlechterstereotype und gesellschaftliche Rahmenbedingungen führen häufig zum Stillstand oder Abbruch der Karriere – so schreibt das Bundesministerium für Bildung und Forschung. Die Anzahl von Professorinnen in einer Fakultät oder an einem Seminar ist auch vom Fach abhängig, so trifft man/frau z. B. in der Neuphilologie häufig mehr Professorinnen und wissenschaftliche Mitarbeiterinnen auf den oberen Rängen an als z. B. in den Naturwissenschaften. Und wenn man/frau sich einmal von der »Akademikerbubble« und der Universität und der Hochschule wegbewegt, stößt man/frau auf weitere Bereiche und Alltagssituationen, in welchen Frauen deutlich anders behandelt werden als Männer.

1.5 Fazit

Wir haben in diesem Kapitel auf die Wichtigkeit des Unterschiedmachens, des Setzens einer Unterscheidung, hingewiesen, damit ein Sachverhalt besprochen werden kann. Vor allem sprachliche Unterschiede haben wir in den Fokus genommen; z. B. »Gleichheit« vs. »Gleichberechtigung«, *equality* im Englischen; und »Geschlecht«, *sex* und *gender* im Englischen. Was als typisch männlich oder typisch weiblich gilt, unterliegt historischen und sozialen Veränderungen und ist außerdem eine vollkommen willkürliche Zuordnung.

Was wir den Leser*innen nach diesem ersten Kapitel vor allem mitgeben wollen ist: *Language matters!* – Sprache ist wichtig und *matters!* Wir als Gesellschaft müssen Sprache als Teil der Genderdebatte in den Fokus nehmen. Es ist wichtig, darauf zu achten, wie wir uns ausdrücken und wen wir durch unsere Wortwahl mit einbeziehen bzw. wen wir dadurch möglicherweise ausgrenzen. Als Psychologin gehört es zu meinem Handwerkszeug, Sprache differenziert einzusetzen, um Haltungs- und Verhaltensveränderungen zu ermöglichen. Wittgensteins Satz »Die Grenzen meiner Sprache bedeuten die Grenzen meiner Welt« bezieht sich genau darauf. Sprache hat einen unglaublich großen Einfluss auf unser Denken und unser Vorstellungsvermögen. Wenn mir jemand erzählt, er oder sie war »beim Arzt«, unabhängig davon, ob es sich bei »Arzt« um eine Frau oder einen Mann handelt, dann denke ich an einen Mann, und das ist nur ein kleines Beispiel dafür, wie häufig wir eine Hälfte der Gesellschaft einfach wegfallen lassen.

So langsam hält gendergerechte Sprache Einzug in die Mainstreammedien und hat inzwischen auch in Nachrichtensendungen in Rundfunk und Fernsehen, in Podcasts, bei Vorträgen und in Posts auf Social-Media-Plattformen einen Platz gefunden. Nichtsdestoweniger werden weiterhin Stimmen laut, die die gendergerechte Sprache kritisieren und Sorge haben, dass sie die deutsche Sprache verstümmelt. An all diejenigen, die sich darüber echauffieren, dass die deutsche Sprache unter dem Gendern leide: Sprache und Gesellschaft, so haben wir festgestellt, pflegen ein reziprokes Verhältnis zueinander. Erstere beeinflusst unser Denken und unsere semantischen Vorstellungen; wenn es für etwas ein Wort gibt, dann gibt es das Bezeichnete für uns auch in der realen Welt. Wenn wir für etwas kein Wort haben, dann gibt es dieses Etwas auch nicht – das ist, grob zusammengefasst, was Wittgenstein meinte. Und wenn sich Letzteres, die Gesellschaft, weiterentwickelt, dann muss die Sprache mit uns mitgehen und angepasst werden, sonst drückt sie nicht mehr die Lebenswirklichkeit der Menschen in der Gesellschaft aus.

2 »Ich möchte lieber bei den Männern sitzen«

Diesen Abschnitt möchte ich mit einer persönlichen Fallgeschichte beginnen. Im Kollegenkreis einer Beratungsfirma gab es eine Einladung zu einem Jahresausklangstreffen 2020, das pandemiebedingt per Videocall stattfand. Zuerst besprachen wir die Reihenfolge, in der die individuelle Berichterstattung erfolgen sollte. Ich schlug scherzhaft vor, dass zuerst die Frauengruppe und anschließend die Männergruppe berichten sollte. Das veranlasste eine junge Kollegin, ihre schrecklichen Erfahrungen mit solchen (geschlechtsspezifischen) Gruppierungen zu berichten. Sie erzählte von einem Erlebnis, bei dem sie bei den Frauen sitzen musste, und am Tisch der Frauen ging es nur um Babybrei, und es wurde getratscht. Sie wäre so viel lieber bei den Männern gesessen, wo über Politik und arbeitsbezogene Themen gesprochen wurde, was sie viel mehr interessiert hätte. Warum erzählt sie uns das?

Noch vor einigen Jahrzehnten hätte ich das vielleicht auch so empfunden und ähnlich erzählt und auch so erlebt. Was will sie uns Frauen in der Runde damit sagen, und was signalisiert sie damit den Männern? – »Hey, ich bin nicht so 'ne typische Frau, ich kann auch bei ›euren Themen‹ mitsprechen.«

Bloß nicht als Frau identifiziert werden. Sie wertet sich selbst und uns Frauen damit ab. »Run with the boys«, nennt man/frau dieses Phänomen. Wie entsteht dieses Gefühl, es sei besser als Mädchen, bei den Jungs mitzuspielen?

2.1 Die Helden- und die Heldinnenreise

Bei meiner Beschäftigung mit Veränderungsprozessen bin ich in Zusammenarbeit mit Arno Aschauer, einem Drehbuchautor, der mir viel über die Dramaturgie von Veränderungsprozessen beigebracht hat, auf die *Heldenreise* gestoßen.

Der amerikanische Mythenforscher Josef Campbell hat unzählige Mythen, Märchen und moderne Erzählungen analysiert und gefragt, wie Veränderungsgeschichten erzählt werden. Daraus hat er ein grundlegendes Modell des Ablaufs von Heldenreisen entwickelt.

Im Lauf seiner Forschungsarbeiten entdeckte er in allen Völkern und Kulturen wiederkehrende Ähnlichkeiten und grundlegende Muster, die sich im Zusammenleben der Menschen, ihren Riten und ihren Glaubensgefügen widerspiegeln. Daraus entwickelte er das Modell des Monomythos »Heldenreise«, welches in der Veröffentlichung *Der Heros in tausend Gestalten* (2011) von ihm beschrieben wird. Er entwickelt eine stufenartige Entwicklungsreise des Menschen. Christopher Vogler (1999) übertrug dieses Modell in Hollywood auf die Schreibart von Drehbüchern und prägte so ganze Generationen von Drehbuchautor*innen. Peter Jackson hat eng mit Campbell und Vogler zusammengearbeitet und so die *Der-Herr-der-Ringe*-Trilogie (2001–2003) geschaffen. George Lucas hat in Zusammenarbeit mit Campell die *Star-Wars*-Reihe entwickelt und erfolgreich verfilmt. In Hollywood folgen die meisten Entwicklungen in Filmen diesem Schema, wenn einzelne Stationen ausgelassen werden, wirken die Filme flach. Das Schema funktioniert also. In tagelangen extrem spannenden Filmseminaren mit Arno Aschauer[37] haben wir das analysiert. Nach einer Weile kam natürlich die Frage auf: Wie sieht die Heldinnenreise aus? Meist sind die Protagonisten Männer, Luke Skywalker, Frodo, und sogar bei *Pretty Woman* geht es um die Überwindung der Höhenangst und der Skrupellosigkeit von Edward Lewis (Richard Gere), also um dessen Heldenreise und nicht etwa um Vivian Ward (Julia Roberts). Was ist also mit der Heldinnenreise? Joseph Campbell wird außerdem folgendes Zitat nachgesagt: »Women don't need to make the journey; they are the place that everyone is trying to get to«, welches besagt, dass Frauen diese Heldenreise, die er beschreibt, nicht durchlaufen müssen, weil sie bereits am Ziel angekommen sind. Das wirft die Frage auf, ob dieses Modell ein universales ist oder ob es sich im Wesentlichen an einer männlichen Entwicklungsreise orientiert. Das Modell der von ihm beschriebenen Heldenreise besteht aus zwölf Stationen:

1. der Ruf nach Veränderung (die Briefe flattern im Ligusterweg 4 ins Haus im ersten Teil der *Harry-Potter*-Reihe)
2. die Weigerung, diesen Ruf anzunehmen (die Türen und der Briefkasten werden zugenagelt)
3. der Aufbruch in die fremde Welt (Wegfahren mit dem Zug)
4. die erste Schwelle (die ersten Prüfungen)

5. weitere Prüfungen und Abenteuer, die zu bestehen sind
6. es tauchen Mentoren auf (z. B. Dumbledore, Gandalf)
7. schwere Prüfungen
8. die höchste Prüfung (Frodo muss den Ring in Mordor zerstören, der »Ich-bin-dein-Vater«-Moment in *Star Wars*, Harrys direkte Konfrontation mit Lord Voldemort etc.)
9. Dann zeigt sich das Elixier, die Essenz dessen, was gelernt werden soll.

Als nächste Schritte (10., 11.) wird diese Unterwelt wieder verlassen, und die Helden oder der Held kehren oder kehrt verändert, als Herr(en) zweier Welten, in die alte Welt zurück (in *Der Herr der Ringe*: Frodos Rückkehr ins Auenland).

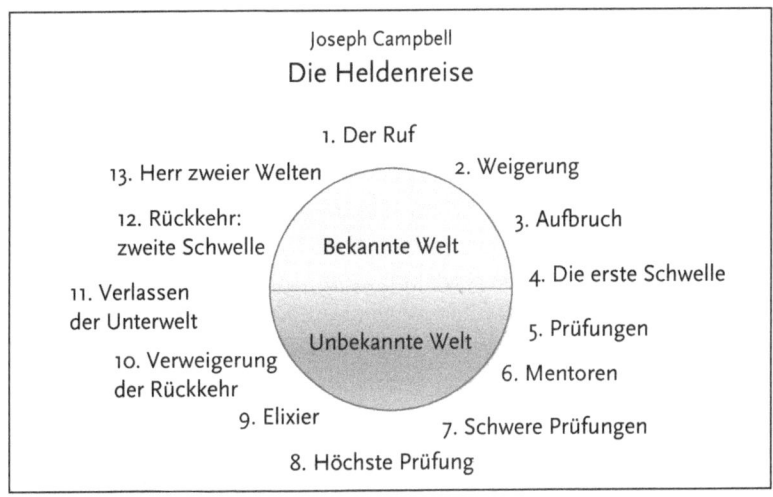

Abb. 1: Die Heldenreise nach Joseph Campbell (verfügbar unter: www.neuewegewagen.de [25.08.2021])

Wieso sind Frauen schon da? Wieso müssen Sie laut Campell nicht durch die Unterwelt, um diese Veränderungsreise zu bewältigen? Bei meiner Suche bin ich auf die C.-G.-Jung-Analytikerin und Künstlerin Maureen Murdock gestoßen.[38] Murdock veröffentlichte 1990 im *Shambala* Verlag das Buch *The Heroine's Journey*. Murdock hat in ihrem Buch *The Heroine's Journey* den Aussagen von Joseph Campbell widersprochen. Berichten zufolge meinte Campbell, als er mit Murdocks Version der Heldinnenreise konfrontiert wurde, dass Frauen die Prüfungen, das Hinabsteigen in die Unterwelt nicht bewältigen müssen, um Reife zu erlangen, Frauen seien schon da. Dem widerspricht Murdock. Frauen können in der Heldinnenreise das überwinden, was sie die »weibliche Wunde« nennt. Die weibliche Wunde ist die Selbstabwertung des eigenen Geschlechts und die Tatsache, dass Frauen sich freiwillig selbst entwerten und herabsetzen. Das veranschaulicht die anfängliche Fallgeschichte der Kollegin, die lieber der Männergruppe zugeteilt würde, weil sich die Frauengruppen ihrer Meinung nach nur mit nichtigen Themen beschäftigen würden.

Maureen Murdock ist jungianische Analytikerin, aber was bedeutet das genau? Carl Gustav Jung war der Begründer der analytischen Psychologie. Er postulierte, dass jeder Mann das Bild der weiblichen Seite in seinem Unterbewusstsein mit sich trage: den Archetyp »Anima«.[39] Das weibliche Pendant, das männliche innere Bild im Unterbewusstsein der Frau, ist »Animus«.[40] Weil diese beiden Bilder immer von dem Mutter- und Vaterarchetyp überdeckt wird, besteht die Herausforderung darin, sich aus den Elternbildern herauszulösen.[41]

In einem Interview aus dem Jahr 2005 von Mary Davis von der C. G. Jung Society Atlanta antwortete Maureen Murdock auf die Frage, welches der Unterschied zwischen dem männlichen und der weiblichen Heldenreise wäre, folgendermaßen: Die weibliche Heldinnenreise finde metaphorisch in der Unterwelt statt und wirke tief in der Seele, in die Heilung und die Regeneration hinein. Sie finde diesen Ort in der Beschreibung nur teilweise angemessen, während die männliche Heldenreise sich in höheren Sphären, wie z. B. in einem großen Festsaal eines Hotels – in der Oberwelt –, abspiele. Murdock macht deutlich, dass wir uns dieses Unterschieds bewusst sein und einen Mittelweg finden müssen. Die männliche Heldenreise beinhalte, laut Murdock, nicht die Heilung der tiefen weiblichen Wunde für Männer und Frauen.

Die meisten Frauen seien außerdem Vatertöchter, wenn auch nicht immer persönlich, so zumindest kulturell. Und was es zu heilen gelte, ist diese unabdingbare Spaltung von der eigenen weiblichen Seite; sowohl bei Männern als auch bei Frauen. Murdock plädiert dafür, dass dies Teil der Heldinnenreise sein müsse.[42]

2.2 Die Stationen der Heldinnenreise

Maureen Murdock teilt die Heldinnenreise, die die

> »Erfahrungen vieler Menschen [beschreibt], die ihren Beitrag in der Welt leisten wollen, aber auch Angst haben, was unsere fortschrittsorientierte Gesellschaft der menschlichen Psyche und dem ökologischen Gleichgewicht des Planeten angetan hat«[43],

in folgende zehn Stationen auf (zum Teil leicht abgeändert und weniger analytisch, sondern mehr praktisch orientiert).

Station 1: Die Trennung vom Weiblichen

Die Trennung vom Weiblichen geht von der Abwertung der Frau aus – und beginnt mit der Mutter. Am Anfang der Heldinnenreise steht der Kampf der Heldin, sich sowohl physisch als auch psychisch vom weiblichen Archetypus der Mutter loszusagen. Die Notwendigkeit dieser Trennung lässt sich auf die Idealisierung des Männlichen in unserer Gesellschaft zurückführen. Aber trotz der herbeigesehnten Trennung hat die Heldin Schuldgefühle dabei, ihre Mutter hinter sich zurückzulassen. Die Eigenarten und Schwächen, die sie bereits bei der Mutter beobachten konnte, werden abgewertet. Das schließt auch die Ablehnung des weiblichen Körpers mit ein. In dieser Phase der Reise strebt die Heldin danach, den ursprünglichen Bruch mit der Mutter auf einer höheren Ebene der Göttinnen, Heldinnen oder der zeitgenössischen kreativen Frauen, mit denen sie sich identifizieren kann, zu heilen. Am Ende wird sie ihre Heilung aber in der »großen Mutter«[44] finden.

In einer Selbsterfahrungsgruppe, aus der ein Seminarkonzept zur Heldinnenreise entstanden ist, haben wir erkundet, was diese weibliche Wunde ist, von der Murdock spricht. Bei vielen Frauen ist es der Moment, in dem sie realisieren, dass weibliche Eigenschaften abgewertet werden, dass man/frau plötzlich weniger darf oder können soll als Jungen. »Sei kein Mädchen«, ist ein Spruch, den man/frau zu Jungen sagt, wenn sie sich »anstellen« oder nicht mutig genug sind. Was macht es mit kleinen Mädchen, wenn sie das hören?[45]

Station 2: Identifikation mit dem Männlichen

Fast alle Frauen sind auf die eine oder die andere Art Vatertöchter – biografisch oder kulturell. Sie haben das Bedürfnis, von ihren Vätern akzeptiert zu werden. Oft werden sie auch von ihren Vätern extrem gefördert. Erst wenn sie das Gefühl haben, von ihrem Vater akzeptiert zu sein, dann haben sie das Vertrauen, auch von der Welt und der Gesellschaft akzeptiert zu werden. Durch diesen Prozess entwickeln sie eine positiv geprägte Beziehung zur männlichen Seite in ihrem Inneren. Mithilfe dieser Animusfigur gewinnen sie genug Selbstvertrauen und Unterstützung in ihre Kompetenz, das stattet sie mit Wettbewerbsgefühl aus, das sie selbstbewusst auf Dinge zugehen lässt. Das Ziel mancher erfolgreichen Frauen ist es, nicht nur zu versuchen, ihren Vätern nachzueifern, sondern auch bewusst zu vermeiden, so wie ihre Mütter zu sein oder so zu werden wie sie, weil sie sie als abhängige, hilflose und/oder zu kritische Person wahrnehmen. In Fällen, in welchen die Mutter schwach oder krank ist, verbünden sich die Töchter mit den Vätern und ignorieren die Mütter. In dieser Phase der Reise identifiziert sich die Heldin mit dem Männlichen oder will sogar von ihm gerettet werden. Als Konsequenz beginnt sie dann mit der traditionellen Reise des Helden, indem sie sich im übertragenen Sinne ihre Rüstung anlegt und sich auf die Suche nach dem Schatz macht und die anderen zurücklässt.

In vielen Biografien der Frauen meines Alters wird das so beschrieben. Wegen der Angst, als Frau nicht gut genug zu sein, und wegen der Abwertung des eigenen Geschlechts entwickelt die Heldin einen Hang zum Perfektionismus und zur Übererfüllung dessen, was möglicherweise von ihr erwartet wird. Diese Strenge zu sich selbst wird ihr dann später auf dem Weg zu beruflichem Erfolg als Härte, als Uncoolness, als Verbissenheit vorgeworfen. Diese Abwertung hat unvermeidlich Auswirkungen auf ihr inneres Selbstwertgefühl und darauf, wie sie das Weibliche in ihrer Außenwelt wahrnimmt.[46]

Station 3: Der Weg der Prüfungen

In dieser Phase der Reise verlässt die Heldin wiederholt ihre sichere und vertraute Umgebung (z. B. in Form des Elternhauses) auch auf symbolische Weise, indem sie Nein sagt zu alten Werten, Vertrautheiten und Mustern. Sie macht sich nun auf den Weg, um nach ihrem Selbst – ihrer Identität – zu suchen und um gleichzeitig ihre Stärken, Fähigkeiten und Schwächen zu entdecken. Mit der Lossagung von der vertrauten Welt kann sie jetzt auch niemanden außer sich selbst für ihr Leben verantwortlich machen. Sie ist gezwungen, sich mit der inneren Stimme zu konfrontieren, die ihr einredet, dass sie etwas nicht kann.

Weil Frauen vorbereitet und gefasst sind, die Bedürfnisse anderer zu erahnen, erwarten sie auch, bewusst oder unbewusst, dass ihre Bedürfnisse ebenfalls erahnt und auch erfüllt werden. Wenn das nicht passiert, dann befürchten sie, dass etwas mit ihnen nicht stimmt, und vermuten den Fehler bei sich selbst – nicht bei anderen.[47] »In diesem Dilemma sind Frauen Wartende. Papas kleines Mädchen wartet.«[48] Bereits als Kinder werden Frauen auf diesen Zustand der Erwartung vorbereitet und daraufhin erzogen. In zahlreichen Coachings, die sich um die Frage drehten, ob sich nun die Frauen auf eine Stelle aktiv bewerben, teilweise darum kämpfen sollten, zeigte sich die Haltung: Ich warte, bis ich dran bin, mein Chef wird schon erkennen, dass ich gut bin. Am Ende geht das häufig nicht gut aus, weil Zögerlichkeit nicht als Tugend gelobt wird, sondern in einer männlichen Welt nicht viel wert ist. Die Transformation der Heldin erfolgt nicht durch die Errettung durch die Außenwelt, sondern ist das Ergebnis eines langen und mühsamen Prozesses des inneren Wachstums und der inneren Entwicklung[49] – mit dem Ziel, weibliche Qualitäten und Bedürfnisse nicht abzuwerten, sondern anzuerkennen.

Station 4: Der illusorische Lohn des Erfolges

Während die Heldin verschiedene Prüfungen auf ihrer Reise durchläuft, wächst sie über ihre Grenzen hinaus. Diese vierte Phase ist eine Zeit voller Ängste und Zweifel. Sie tritt in die akademische Laufbahn oder überhaupt in die Arbeitswelt ein. Aber die Dinge nehmen auch ihren natürlichen Lauf: Sie heiratet, mietet oder kauft ein Haus, bekommt Kinder und ist dazu aufgefordert, sich zwischen den Welten hin und her zu bewegen. Diese Entscheidung zwischen den Welten oder den scheinbaren Alternativen ist nach wie vor das größte Hindernis zu einer gleichen Teilhabe von Männern und Frauen.[50]

Sie muss nun zur Superfrau werden. Sie stellt an sich selbst den Anspruch, die Meisterin in allen Welten zu sein – Familie, Beruf, akademischer Laufbahn, Karriere etc.[51] – »um ihre Verletzlichkeit, ihre finanzielle Abhängigkeit, die Herabsetzung durch die Gesellschaft und die Selbstabwertung«[52] wettzumachen. Folglich passen sich Frauen im Bemühen, es zu vermeiden, so zu sein wie ihre (symbolischen) Mütter, den Männern an. Der Unterschied ist, dass Frauen niemanden haben, der sich um sie kümmert und ihre Erfolge wertzuschätzen weiß – anders als ihre Väter, die diese Person in der Mutter hatten. Den Preis, den die Frauen dafür zahlen, autonomer und unabhängiger als Männer zu sein, sind Selbstverrat und die Entfremdung von ihrer inneren Welt. Sie sind sich nicht bewusst, dass sie durchaus das Recht haben, auch Nein zu sagen, und nicht immer ihre eigenen Bedürfnisse zurückstellen müssen.⁵³ Die Gefahr besteht darin, dass sie das Gefühl haben, immer ihr Bestes geben zu müssen, *to be able to run with the boys* (um mit den Jungs mithalten zu können). Sie müssen immer weiter und weiter rennen und immer schneller, haben aber die Illusion, dass sie trotzdem nie gut genug sein können, weil, wenn sie einmal das Gefühl haben, endlich ihr Ziel erreicht zu haben, und das Gefühl haben, dazuzugehören, dann bekommen sie doch wieder die Tür mit dem *Men's-only*-Schild vor der Nase zugeknallt und realisieren, dass ihr Erfolg nur Illusion war. Oft ist es dann der Fall, wenn die Frauen bemerken, dass ihr Erfolg nur eine Illusion war, dass sie Kinder bekommen und dann komplett von der Bildfläche verschwinden – das ist natürlich auch nicht die Lösung für das Problem. Wenn die Frauen sich einmal zu ihren Grenzen bekennen können, dann haben sie eine der wertvollsten Lektionen der Heldinnenreise gelernt:⁵⁴ »Ich bin nicht alles, und ich bin genug.«⁵⁵

Station 5: Starke Frauen können Nein sagen

Und dann tritt dieser Verlust ein; die Orientierung an männlichen Werten, der Verrat am Weiblichen und die Sehnsucht nach ebendiesem Weiblichen rufen dieses Verlustgefühl hervor. Die Heldin leidet darunter, ihre Bedürfnisse und Gefühle in der Arbeitswelt abtun zu müssen, um so gut zu funktionieren, wie es von ihr erwartet wird. Das Verlustgefühl wird begleitet von der Sehnsucht nach der Verbindung mit der Mutter Erde. Wenn eine Frau mit dem Tun aufhört,⁵⁶ »dann muss sie ganz einfach lernen zu sein«.⁵⁷ Der Schlüssel zum Erfolg liegt darin, die Stimmen, die ihr einreden, sie sei nicht gut genug, zum Schweigen zu bringen, und sie muss dazu in der Lage sein, diese Spannung auszuhalten, bis die neue Form Gestalt annimmt. Sie muss Nein sagen können. Das fällt schwer, weil sie nicht enttäuschen will und sie einen großen Teil ihres Selbstbilds darein investiert, andere glücklich zu machen.⁵⁸ In den Selbsterfahrungsseminaren, aber auch in den Coachings ist das häufig ein Schlüsselmoment. Nein sagen zu expliziten und vermuteten Erwartungen: Die Angst, nicht mehr *everybody's* Darling zu sein, die Frau, die alles hinbekommt.

Bei einem anspruchsvollen Restrukturierungsprojekt habe ich die Projektleiterin gecoacht, sie stand schon lange auf der »*Ready-for-*

next-step«-Liste, sollte aber noch dieses Projekt erfolgreich neben ihrer Linienaufgabe bewältigen. Da es um Abbau von Stellen ging, auch einige davon in ihrem Team, hatte sie die Idee, das Team nicht alleine zu lassen und half noch bei den Projektaufgaben mit, was zu heillosen Überstunden und zu Erschöpfung führte. Nein zu diesen Aufgaben zu sagen war ein großer Schritt für sie. Zu einer Coachingstunde kam sie mit der Erkenntnis aus einem Führungsseminar für Frauen: Der Chef/die Chefin rennt nicht. – Das war ein hilfreiches Bild für sie.

Station 6: Initiation und Abstieg

Die Initiation zur Wandlung erfolgt oft durch einen persönlichen Verlust, der das gewohnte Leben grundlegend verändert, z. B. der Verlust eines Kindes, Elternteils oder eines Ehegatten/Lebenspartners, Krankheiten, Unfälle, Trennungen etc.: Nach dieser Desillusionierung eignet die Heldin »sich wieder die Teile an [...], die sie von sich abgespalten hatte«:[59] Vatertochter, die ihre Mutter wegstieß. Das Ziel ist es, die Seiten ihres Selbst akzeptieren zu lernen, die sie einst von sich gestoßen hat und die ihr helfen.[60]

Station 7: Das Verlangen nach einer Wiederverbindung mit dem Weiblichen

Murdock beschreibt in dieser Phase den Wunsch, sich mit einem positiven Bild von Frausein zu verbinden. In unzähligen Biografien finden wir diese Phase beschrieben oder auch auf Postkarten, die sich meist in Praxen von Physiotherapeut*innen befinden: »Träume nicht dein Leben, lebe deinen Traum«, »Jetzt helfe ich mir selbst«. In dieser Phase machen sich Frauen oft von ihren Männern unabhängig und/oder eben von den inneren Bildern von Männlichkeit und Weiblichkeit.

Nach Abschluss des Abstiegs in Phase sechs, nachdem die Heldin sich von der Identität der[61] »Tochter des Patriarchats«[62] getrennt hat, verspürt sie den Drang, sich mit dem Weiblichen wieder zu verbinden. Das kann auf verschiedene Arten und in unterschiedlichen Gestalten geschehen:[63] »in Gestalt der Göttin, der Mutter oder des kleinen inneren Mädchens. Sie wendet sich ihrem Körper, ihren Emotionen, ihrer Spiritualität und ihrer schöpferischen Weisheit zu«.[64] Diese Verbindung zu dieser inneren kraftspendenden Quelle geht in der materialistischen Welt, in der wir leben, verloren.[65]

»Im Matriarchat wurde der Körper der Frau mit dem Körper der Göttin gleichgesetzt. Die Frau wurde als Gefäß verstanden, welches das Wunder des Lebens enthält, und es wurde ihr mit Ehrfurcht begegnet. Frauen wissen mit dem Körper. Auch die tiefe Verbindung zur Sexualität und Fruchtbarkeit, die noch in frühzeitlichen Ritualen, wie der Vereinigung von Frauen und Männern in Ackerfurchen, zur Fruchtbarkeit der Erde zeigte, ist verloren gegangen. [D]as damit verbundene Machtgefühl der Frauen mit ihrer Sexualität ging damit [ebenfalls] verloren.«[66]

Ab einem gewissen Punkt fand ein Wandel statt, der dazu führte, dass die weibliche Sexualität als Versuchung und Verführung – als etwas Negatives und Gefährliches – wahrgenommen wurde und teilweise sogar vollkommen totgeschwiegen wurde. Besonders in der Literatur des 19. Jahrhunderts tritt immer wieder die Figur der Femme fatale auf, die den Mann verführt und damit mit ihrer Sexualität ins Unglück stürzt. Die Heilung des Weiblichen ist meistens ein physischer Akt:[67] »Die meisten Frauen erfahren ihre heiligsten Augenblicke als physische Momente: in einer Umarmung, im Akt der Liebe, in der Berührung eines Kindes.«[68]

Station 8: Heilung der Spaltung zwischen Mutter und Tochter
Die Heilung der weiblichen Wunde ist wohl eine der schwierigsten Phasen der Heldinnenreise. Sie geht über persönliche Vater- oder Mutterbeziehung hinaus und betrifft auch das Ungleichgewicht der Werte in unserer Gesellschaft. Der essenzielle Punkt ist, dass Frauen sich von dem Zwang lösen müssen, alles perfekt machen zu müssen, um in beiden Welten zu funktionieren. Der Schlüssel dazu liegt darin, dass sie um Unterstützung bitten können.[69]

Station 9: Den inneren Mann mit Herz finden
Die innere Frau und der innere Mann stehen sich in Konfrontation gegenüber. Damit die Kluft überbrückt werden kann, braucht es Zeit.[70] Die Schwierigkeit der Heilung des Konflikts zwischen den beiden liegt darin, dass die Heldin ihre ungeliebten Aspekte annehmen und akzeptieren muss.[71] »Um das zu erreichen, muss die Heldin vom Archetyp des einsamen Kriegers ablassen, indem sie eine Beziehung zum positiven Männlichen in ihrem Innern – dem Mann mit Herz – aufbaut.«

Station 10: Jenseits der Dualität
Das Symbol des Weiblichen ist der Kreis – und der schließt ein, nicht aus. Dies ist kein Fall von Entweder-oder. Die Beziehung zwischen Weiblichem und Männlichem ist reziprok: Das Weibliche braucht das Männliche; das Männliche braucht das Weibliche. Gemeinsame Erfahrungen von Mitgefühl helfen, die Verschiedenheiten zu verstehen, statt sich von ihnen bedroht zu fühlen.[72] »Wir unternehmen eine gemeinsame [Heldinnenreise], um zu lernen, wie wir die Würde und Wertschätzung der Gegensätzlichkeit in uns und anderen achten und bewahren können.«[73]

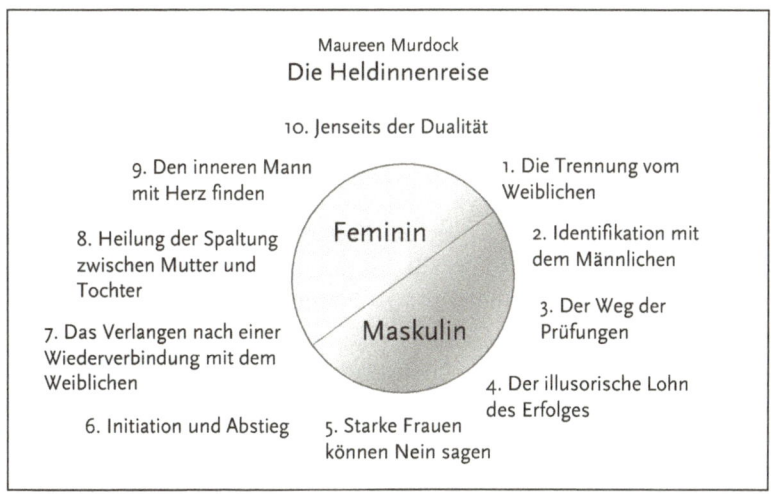

Abb. 2: Die Heldinnenreise nach Maureen Murdock (verfügbar unter: http://www.mgt.or.at/mgt-blog/die-heldinnenreise-nach-maureen-murdock/ [25.08.2021])

2.3 Zurück zur Fallgeschichte

Um nun zur Fallgeschichte vom Anfang zurückzukommen: Warum macht eine Frau in einer gemischten Gruppe die Aussage, dass sie Männergruppen interessanter findet als Frauengruppen? Würde ein Mann in der gleichen Situation sagen: »Ich würde lieber der Frauengruppe zugeteilt«, dann wäre das zumindest sozial eher fragwürdig. Was löst diese Aussage bei den anwesenden Frauen und was bei den Männern aus? Der Wunsch der Frau, bei den Männern zu sitzen, ist

Ausdruck ihrer Selbstabwertung (wie in Station 2 der Heldinnenreise beschrieben) und auch der Abwertung ihres Geschlechts allgemein – sie wertet also nicht nur sich selbst, sondern auch die anderen anwesenden Frauen ab. Sie hebt sich damit selbst hervor und erweckt durch ihre Aussage bei den Männern den Eindruck, dass sie besser sei als die anderen Frauen. Die Selbstabwertung von Frauen aus dem Mund von Frauen erscheint als Schlüssel für den eigenen Erfolg. Bei den Frauen allerdings trägt sie nur weiter zur Selbstentwertung bei, wenn sie, also jemand »aus den eigenen Reihen«, sich gegen sie wendet. Aber eigentlich müssen Frauen sich gegenseitig starkmachen und sich nicht selbst oder gegenseitig abwerten. »Frauen müssen lernen, aktiv gegen Zuschreibungen anzugehen. Sie tun sich schwer, das für sich selbst zu tun. Doch Frauen sollten sich auf jeden Fall der Solidarität untereinander sicher sein.«[74]

2.4 Fazit

Wir haben uns in diesem Kapitel das Konzept der Heldenreise, auf welchem der Großteil aller Hollywoodfilme aufbaut, sowie die Ausarbeitung zum weiblichen Pendant – die Heldinnenreise mit ihren zehn Stationen – angeschaut. Noch einmal kurz zusammengefasst, besteht die Heldinnenreise aus der Trennung vom und dem Abstoßen des Weiblichen, verursacht durch seine Abwertung durch Redewendungen wie »Sei kein Mädchen«, die unter Jungen als Beleidigung gilt. Ein Mädchen sein bedeutet schwach sein. Durch die Distanzierung vom Weiblichen möchte man/frau sich von Schwäche lossagen. Daraufhin finden die Identifikation mit dem Männlichen statt und der Wunsch nach (männlicher) Anerkennung, begleitet von der Angst, als Frau nicht auszureichen oder genug zu sein. Frauen wird das Gefühl vermittelt, immer schneller rennen zu müssen, immer noch mehr geben zu müssen, um Erfolg zu haben und Anerkennung zu bekommen. Dabei bleibt das Wohlergehen der Frau selbst auf der Strecke, während sie versucht, alle Aspekte perfekt zu managen, und sie unermüdlich im Hamsterrad rennt: Karriere, Beziehung und Kinder. In der fünften Station von Murdocks Heldinnenreise lernt sie, dass es okay ist, auch mal Nein zu sagen, ohne dass sie das zur Versagerin macht. Die Erkenntnis ist gefolgt vom Verlangen nach der Wiederverbindung mit dem Weiblichen, das zuvor abgestoßen wurde. Die Konklusion der Heldinnenreise ist, dass das Weibliche und das Männliche eine reziproke Beziehung zueinander haben: So wie das Weibliche das Männliche braucht, so braucht auch das Männliche das Weibliche. Das Fallbeispiel, mit welchem wir in das Kapitel eingestiegen sind, nämlich dass eine der am Meeting teilnehmenden Frauen lieber bei den Männern sitzen würde, können wir also als (Selbst-)Abwertung und als Abspaltung vom Weiblichen werten. Wenn Frauen sich selbst abwerten, dann werten sie damit alle Frauen ab. Wir sollten uns aber gegenseitig stärken und uns selbst und andere mit positiv wohlwollenden Augen anschauen.

Die Frau im Beispiel möchte sich vom Rest ihres Geschlechts hervorheben und sagt, dass sie nicht schwach ist so wie andere Frauen; sie sei stärker und besser, als es für ihr weibliches Geschlecht üblich ist.

3 »Wir beurteilen hier nach Leistung«

Die vorherrschende Meinung ist, dass durch harte Arbeit und Disziplin jede*r ihre oder seine Ziele erreichen kann. Alter, Ethnizität, Religion und Geschlecht sind nicht ausschlaggebend für die berufliche Laufbahn im Leben. Beurteilt wird einzig auf der Basis der Leistung, die jede*r Einzelne erbringt. Aber die Zahlen und Statistiken zeigen anderes. So liegt der Frauenanteil in den Vorständen der Top-100-Unternehmen in Deutschland im Jahr 2020 gerade mal bei 13,7 % und bei den Top-200 nur bei 11,5 %.[75] Warum ist nur so ein geringer Anteil anzutreffen? Können die etwa alle nix; es wird ja nach Leistung beurteilt? Im Gegenteil: die Bundeszentrale für politische Bildung schreibt im Gender-Datenreport 2020, dass Mädchen und Frauen bereits seit Jahren höhere Bildungsabschlüsse erreichen als Jungen und Männer. Und auch die Noten der Abschlüsse sind bei den Mädchen und Frauen meistens besser.[76] Um das Ungleichverhältnis zwischen Männern und Frauen in Vorstandsgremien etc. auszugleichen, wird die Frauenquote immer wieder diskutiert. In den folgenden Abschnitten wollen wir uns die Diskussion und Argumente sowie Statistiken zur Quote anschauen.

3.1 Die Frauenquote

Mittlerweile wollen auch junge Frauen die Quote, es geht einfach nicht mehr anders. Lange war die gesetzliche Frauenquote ein umstrittenes Thema sowohl in der Politik, in der Wirtschaft als auch in feministischen Kreisen. Im Frühjahr 2015 verabschiedete der Bundestag das *Gesetz für die gleichberechtigte Teilhabe von Frauen und Männern an Führungspositionen in der Privatwirtschaft und im öffentlichen Dienst*,[77] welches 2016 in Kraft trat. Die Quote für den Frauenanteil, die im Erlass festgelegt wurde, beträgt 30 % und betrifft die Aufsichtsräte solcher Unternehmen, die voll mitbestimmungspflichtig und börsennotiert sind und die ab dem Jahr 2016 neu besetzt werden sollen – betroffen sind davon 105 deutsche Firmen. All die Unternehmen, die nicht unter dieser Kategorie gefasst werden, sind verpflichtet, sich ein eigenes Ziel festzulegen, um für die Erhöhung des Frauenanteils in ihren Unternehmen zu sorgen. Das Gesetz legt für diese Unternehmen keine Mindestquote fest, nur dass der Frauenanteil nicht unter den aktuellen Stand sinken darf. Seit der Einführung der Frauenquote zum Jahresbeginn 2016 lässt sich beobachten, dass der Frauenanteil tatsächlich gestiegen ist.

Die Landeszentrale für politische Bildung Baden-Württemberg veröffentlichte dazu die folgenden Zahlen aus dem Jahr 2019: Vor Einführung der Quote betrug der prozentuale Frauenanteil in Aufsichtsräten 21,9 %; im Jahr 2019 ist er um ca. 10 Prozentpunkte auf 32 % angestiegen. Bei DAX-gelisteten Unternehmen lässt sich ein ähnlicher Trend beobachten: Noch im Jahr 2015 betrug der Frauenanteil 26,8 %. 2019 ist er auf 35,4 % gestiegen. Obwohl diese Zahlen vielversprechend wirken, weist die Landeszentrale für politische Bildung darauf hin, dass der Frauenanteil in Vorständen allgemein immer noch zu gering ist. Zwei von drei Unternehmen werden nach wie vor ausschließlich von Männern geleitet. Das liegt daran, dass die Quote sich nur auf Aufsichtsräte bezieht und für diese gilt; Unternehmensvorstände sind nicht inbegriffen. Außerdem muss auch die Größe der Unternehmen in diese Rechnung miteinbezogen werden. Tendenziell lässt sich sagen, dass, je kleiner ein Unternehmen ist, desto geringer auch der Anteil der beteiligten Frauen ist.

Bis 2018, so hatte die Bundesregierung angekündigt, wolle sie die Unternehmen zu einer Quote von 50 % verpflichten; das ist aber bis jetzt noch nicht eingetreten.[78] In Frankreich dagegen musste die Stadt Paris unter der Führung ihrer Bürgermeisterin 90 000 Euro Strafe zahlen, weil in ihrer Administration zu viele Führungspositionen durch Frauen besetzt sind. Das Verhältnis zwischen den Geschlechtern war 11:5 – damit waren 69 % der Führungskräfte Frauen, und das verstößt gegen die nationale Regelung zur Gleichstellung der Geschlechter, die 2013 in Kraft trat und festlegt, dass ein Geschlecht nicht mit über 60 % vertreten sein darf. Bürgermeisterin Anne Hidalgo findet die Strafe absurd, aber auch gefährlich, und sie betont, dass Frauen in Management und Führung in Frankreich nach wie vor unterrepräsentiert seien und dass es sich in diesem Fall um eine Ausnahme handle. Sie weist weiter darauf hin, dass wir das Tempo beschleunigen müssen, mehr Frauen als Männer zu hochrangigen Positionen in Wirtschaft und Politik berufen müssen, damit die Gleichstellung der Geschlechter tatsächlich irgendwann erreicht wird.[79]

Tatsache ist, ohne Quote verändert sich nichts. Nach meinem Studium habe ich 1988 an einem Gutachten für die Enquete-Kommission des Deutschen Bundestages für die Chancengleichheit mitgeforscht. Der Anteil weiblicher Professorinnen an deutschen Universitäten lag damals bei 1,4 %. Ohne die Quotierungen in diesem Bereich hätte sich nichts verändert. Die Wirtschaft und die meisten Parteien setzten auf (freiwillige) Selbstverpflichtungen. Bei meinem damaligen Arbeitgeber Daimler AG reagierte man/frau geradezu hysterisch auf Forderungen nach Frauenquoten. Die Leistung sollte zählen. Als aber im Vorstand bemerkt wurde, dass man/frau nur deutsche weiße Männer im Führungspersonal hatte und so die Internationalisierung nicht voranging, wurde in der Führungskräfteauswahl eine Quote eingeführt. 30 % der oberen Führungspositionen sollten mit nichtdeutschem Führungspersonal besetzt werden. Der Vorstand ist mir noch heute eine Antwort schuldig, wieso diese Männer sich dann nicht als Quotenmänner fühlen sollten und wie es mit der Leistung sei. Da ging das mit der Quote dann plötzlich doch.

Noch ein Schmankerl zur Selbstverpflichtung. Aus dem Jahr 2019 gibt es eine Auflistung der Unternehmen, die sich als eigene Zielgröße 0 gesetzt haben! Diese Liste enthält 53 Unternehmen mit der Zielgröße 0. Darunter Unternehmen wie Zalando, Fielmann und HeidelbergCement.[80] Wie müssen sich Frauen gefühlt haben, die bei solchen Unternehmen angestellt sind?

Quote: ja oder nein?

Das häufigste Argument ihrer Gegner*innen ist wohl, dass die Quote im Widerspruch zur Leistungsbeurteilung stehe, ganz nach dem Motto »Qualität statt Quote«.[81] »Ich will nicht eingestellt werden, weil dem Unternehmen noch eine Frau gefehlt hat, damit die vorgegebene Quote erfüllt wird.« Das Argument wird dabei so aufgezogen, dass es scheint, als ginge es den Quotengegner*innen darum, das Gleichgewicht zwischen den Geschlechtern zu erhalten oder zu fördern: Leistung ist das, worauf es ankommt. Die Leistung, die jede/r Einzelne erbringt, muss Früchte tragen, und niemand, egal ob Mann oder Frau, darf eine Stelle nur aufgrund des Geschlechts (nicht) bekommen. Die Frage der Frauenquote geht immer mit der Leistungsbeurteilung einher. Aber: »Leistung allein bringt einen nicht nach oben«[82], und wir müssen uns eingestehen, dass es bei der Besetzung von Führungspositionen nicht nur auf Eignung und Fähigkeit ankommt, sondern auch auf das Geschlecht.[83] Die Begründung, dass Frauen es auch ohne Quote in die Vorstände etc. schaffen würden, wenn sie denn nur gut genug wären, ist somit gegenstandslos. Leistung spiegelt sich nicht zwangsläufig im Erfolg wider.[84] Es lässt sich nicht leugnen, dass bei der Quote hauptsächlich die Angst besteht, dass ein qualifizierter Mann Platz für eine un- oder minderqualifizierte Frau machen muss. Sogenannte Quotenfrauen werden damit als minderwertig gebrandmarkt und die Quote mit nicht vorhandener Leistung gleichgestellt. Das ist schlichtweg falsch. Nur solche Frauen, die auch Leistung bringen, können »Quotenfrauen« werden.[85]

Die Soziologin und Präsidentin des Wissenschaftszentrums Berlin für Sozialforschung (WZB), Jutta Allmendinger, beschreibt die Frauenquote in einem Interview mit dem Stifterverband als »Anschubsquotierung«,[86] die sich dann auf die Auflösung der Stereotypisierung auswirkt.[87] Was die Quote ermöglicht, ist, Frauen in Führungspositionen zu bringen, und sie dadurch für die Gesellschaft sichtbar zu machen[88] – sie ermöglicht »Vorlebefrauen«[89] in hochrangigen Positionen, die als Vorreiterinnen fungieren und zeigen, was möglich ist, sie machen Mut und dienen als Vorbilder. Das hat zur Folge, dass Frauen und Männer feststellen:[90] »Wir können's ja doch!«[91] Quotenfrau sein und eine solche Vorbildfunktion einzunehmen ist aber keinesfalls einfach, wie Allmendinger weiß. Sie selbst wäre, nach eigener Aussage, ohne eine Quote nicht an viele ihrer Positionen gekommen.[92] Trotz guter Leistungen fürchten viele Frauen, nicht gut genug zu sein, und sehen sich selbst als Hochstaplerinnen.[93] Dieses Gefühl, so Allmendinger, mag durch die Quote erst mal verstärkt werden, weil Bedenken bestehen, seine Position nur wegen der Quote erreicht zu haben, und dieses Gefühl auch von außen vermittelt wird. Allmendinger versichert aber, dass das Gefühl des Andersseins irgendwann in den Hintergrund tritt.[94] Isabelle Kürschner propagiert in ihrem Kommentar »Leistung durch Quote«[95] anstelle von »Leistung statt Quote«[96], und sie weist darauf hin, dass ein erhöhter Frauenanteil in Führungspositionen auch ein breiteres Erfahrungsspektrum und einen höheren Grad an Professionalität mit sich bringen würde.[97]

Ein weiteres Argument der Quotengegner*innen ist, dass die Quote aus der Mode gekommen und nur »ein veraltetes Instrument aus vergangenen Tage«[98] sei. Es wird also der Standpunkt vertreten, dass wir so etwas wie die Quote heutzutage nicht mehr brauchen – einen sehr ähnlichen, wenn nicht sogar identischen Standpunkt gibt es in Bezug auf den Feminismus im Allgemeinen. Wir sind ja schon so weit fortgeschritten, und Frauen haben es so viel besser als früher, dass es gar keinen Anlass mehr dafür gibt, sich mit solchen Belangen zu beschäftigen – das Problem ist ja bereits gelöst. Abgesehen davon, dass dies überhaupt nicht der Fall ist – wenn dem so wäre, dann gäbe es keinen Anlass für dieses Buch –, ist das Konzept der Quote gar nicht so alt. 1995 haben über 90 Länder dafür gestimmt, eine solche Quote einzuführen, und als direkte Konsequenz ließ sich im darauffolgenden Jahrzehnt eine Verdopplung des Frauenanteils erkennen. Jetzt stocken die Zahlen aber, Tendenz sogar eher sinkend;[99] ein eindeutiges Zeichen für Handlungsbedarf.

Ein drittes Gegenargument zur Quote ist vor allem im Zusammenhang mit der COVID-19-Pandemie stark geworden: Augenfällige Themen wie die Bekämpfung der Pandemie oder die Klimakatastrophe verdrängen das Thema der Quote auf Nebenschauplätze.[100] Die Frage nach der Mitwirkung von Frauen in hochrangigen und entscheidungstreffenden Bereichen wird als weniger wichtig erachtet und muss vor anderen Problemen zurücktreten. Vor allem jetzt haben wir ja andere Probleme. Aber die gibt es doch immer.[101] Im Moment ist es die Pandemie, nach wie vor der Klimawandel, und nach der Pandemie gibt es wieder ein Thema, das als wichtiger gilt. Alle Themen sind wichtig, und die Befassung mit einem schließt nicht die Lösung des anderen aus. Ganz im Gegenteil; die Lösung des einen Problems kann zur Lösung eines anderen beitragen. Pandemie und Klimawandel, um diese beiden als Beispiele heranzuziehen, betreffen alle, und alle sollten an ihrer Lösung beteiligt sein und können der Debatte unterschiedliche, neue Gesichtspunkte hinzufügen.

3.2 Die kurze Verweildauer von Frauen in Vorständen

Dadurch, dass der Frauenanteil in Vorstandsgremien deutscher Unternehmen so gering ist bzw. es im Allgemeinen immer noch wenige etablierte Frauen auf der Führungsebene gibt, bleibt es auch weiterhin schwierig für Frauen, an diese Stellen zu kommen. Wenige Frauen bedeutet weniger Möglichkeiten für aufstrebende Frauen, Netzwerke aufzubauen. Netzwerke sind in der Arbeitswelt essenziell dafür, bei der Entstehung erfolgreicher Karrieren zu helfen. Je größer ein Netzwerk, desto eher öffnet es Wege zur Beförderung. Besonders dichte Netzwerke mit engen Beziehungen sind dabei sogar noch effizienter. Natürlich können Frauen auch den bereits existierenden Netzwerken beitreten, sie sind allerdings männerdominiert und Frauen fallen dort als Exotinnen und Außenseiterinnen auf. Und als hilfreich stellen sich diese Netzwerke auch nicht heraus. Man/frau fördert, was man/

frau bereits kennt – in diesem Fall fördern Männer hauptsächlich ihresgleichen, nämlich andere Männer. Deshalb müssen Frauen ihre eigenen Netzwerke formen, in denen sie Unterstützung finden und Kontakte knüpfen können. Durch schlecht ausgebaute oder gar nicht existente Netzwerke sind die Frauen, die es in die Vorstände schaffen, schon fast von Anfang an zum Scheitern verurteilt. Ihre Positionen zu halten, wird ihnen durch mangelnde Kontakte erschwert. Ein Mann ohne Netzwerk, das ihn vor Ort unterstützt, würde ebenso scheitern.[102]

Grundsätzlich lässt sich feststellen, dass es bestenfalls an dritter Stelle um Leistung geht. Studien zeigen, dass vor allem Kandidat*innen eingestellt werden, bei denen man/frau sich vorstellen kann, dass sie sich gut in dem Umfeld bewegen können. Noch heute werden Stellen mit Mini-Mes[103] besetzt. Männer besetzen die Stellen mit jungen Männern, die so sind wie sie oder die so sind, wie sie als jüngerer Mann gerne gewesen wären. Auch schon lange anhaltende Diversity-Schulungen und Bekenntnisse der Firmen zu Diversity in den sozialen Medien ändern daran spürbar nichts.

3.3 Fazit

In diesem Kapitel wurde die Frauenquote diskutiert. Quotengegner*innen setzen auf Qualität statt Quote. Frauen, die gegen die Quote sind, wollen keine »Quotenfrau« sein. Ihre Leistung soll ausschlaggebend dafür sein, dass sie eine Stelle bekommen, nicht die Quote, und befürchten, dass auch andere sagen werden, sie seien ja nur wegen der Quote eingestellt wurden und nicht, weil sie für die Stelle qualifiziert wären. Aber wir müssen uns dessen bewusst sein, dass die Quote kein Freifahrtschein für Frauen in die Unternehmensvorstände und ins Management sind; sie soll als Stütze dienen, die qualifizierte Frauen in Führungspositionen bringt, die dann eben auch Vorbilder und Beispiele dafür sind, dass andere es auch schaffen können. Dass Veränderung nur mit einer gesetzlichen Quote möglich ist, haben wir daran gesehen, wie hoch der Unterschied zwischen dem Frauenanteil in Aufsichtsräten der Unternehmen ist, die gesetzlich dazu verpflichtet sind, eine Quote von 30 % vorzuweisen, in den Aufsichtsräten der Unternehmen, die nicht unter diese Quotenregelung fallen, und in den Vorständen, die von dieser Regelung komplett ausgenommen sind. Bei den Unternehmen, die an die gesetzliche Quote von 30 % in ihren Aufsichtsräten gebunden sind, lässt sich eine deutliche Steigerung des Frauenanteils erkennen. Die Vorstände und die Unternehmen, die nicht an diese Regelung gebunden sind, werden dazu angehalten, sich selbst freiwillige Ziele zur Erhöhung des Frauenanteils zu setzen. Es lässt sich beobachten, dass die Zahlen hier nur minimal, wenn überhaupt ansteigen. Wenn Unternehmen also nicht dazu gezwungen werden, etwas zu verändern, dann tun sie das in den meisten Fällen auch nicht, und alles bleibt wie gehabt. Wir können daraus rückschließen, dass gesetzliche Regelungen Veränderungen und Verbesserungen herbeiführen, auf freiwilliger Basis allerdings tut sich nichts. Deshalb muss da etwas getan werden. Das Problem des geringen Frauenanteils in Vorständen und Unternehmen allgemein darf nicht weiterhin hinter anderen, »größeren und dringenderen« Problemen zurücktreten müssen.

4 Frauen in männerdominierten Umwelten

4.1 Die Theorie über das »Bienenkönigin-Syndrom«

Das sogenannte Bienenkönigin-Syndrom beschreibt das Verhalten erfolgreicher Frauen in Karrierebereichen, die kulturell als frauenuntypisch gelten. Dieses Verhalten ist davon geprägt, dass Frauen in ihrem Arbeitsumfeld nicht solidarisch sind bzw. nicht solidarisch sein können. Ihre hervorgehobene Stellung als einzige weibliche Führungskraft in einer von Männern dominierten Branche ist ihr Alleinstellungsmerkmal, und sie sind nicht gewillt, das aufzugeben, was sie besonders macht. Das Verhalten, das das Bienenkönigin-Syndrom beschreibt, wird mit der Selbstdefinition dieser erfolgreichen Frauen erklärt, die von Karriereorientierung und »männlicher Leistungsfähigkeit« geprägt ist. Durch die Identifikation der »Bienenköniginnen« mit »männlicher Leistungsfähigkeit« diskreditieren sie im Zuge dessen alle anderen Frauen in ihrem Umfeld, denn durch die eigene Aussage »Ich bin so leistungsfähig wie die Männer in diesem Beruf« wird unterschwellig gesagt, dass die anderen Frauen weniger oder nicht leistungsbereit seien.[104] Was nicht beachtet wurde, als das Bienenkönigin-Syndrom 1974 erstmals in der Literatur auftauchte, sind die organisationalen Faktoren auf dieses Verhalten. In solchen Berufen, die tendenziell meistens von Männern ausgeübt werden, neigen Frauen dazu, gegenüber dem weiblichen Nachwuchs in derselben Branche eine negative, wenn nicht sogar eine feindselige Haltung einzunehmen. Das wirft ein großes Problem auf: Nämlich, dass die Einschätzung von Frauen bezüglich anderer Frauen schnell als glaubwürdiger angesehen wird als die Einschätzung von Männern bezüglich Frauen, weil das Gender-Bias bei Frauen (angeblich) nicht existiert und sie keine Vorurteile gegenüber der Leistung ihrer Kolleginnen haben, so wie es vielleicht bei den Männern der Fall wäre. Deshalb ist es auch sehr viel unwahrscheinlicher, dass gegen die Beurteilung einer Frau bezüglich einer Kollegin Einwände erhoben werden.

Ein kurzer Einschub zum Bias: Das Bias im Allgemeinen ist ein Verzerrungseffekt, der unsere Wahrnehmung verfälscht und unsere Handlungen beeinflusst. Das Bias produziert Vorannahmen, Einstellungen und Stereotypen. Sie sind das Resultat von Assoziationen in unserem Kopf, die sowohl durch direkte als auch indirekte äußere Einflüsse entstehen. Generell denkt man/frau bei Bias an negative Assoziationen, das Bias kann aber sowohl positiv als auch negativ sein, und es ist bei allen vorhanden; bei manchen stärker und offensichtlicher als bei anderen. Die Harvard University hat verschiedene Tests zu unterschiedlichen Bias (*racial bias, gender* etc.) entwickelt,[105] die jedem zur Verfügung stehen und deren Hilfe man/frau sich selbst online zum eigenen Bias testen kann. Das Gender-Bias im Speziellen verzerrt unsere Wahrnehmungen und Entscheidungen durch geschlechtsbezogene Stereotypisierung und Vorurteile. Das Bias ist nicht nur bei jedem vorhanden, sondern wirkt sich auf alle Bereiche aus: Alltag, Politik, Wirtschaft und Wissenschaft etc.

4.2 Unterschiedliche Erwartungen an Frauen und Männer

Die unterschiedlichen Erwartungen, die an Frauen und Männer unter identischen Umständen gestellt werden, beeinflussen ebenfalls das Verhalten im Arbeitsumfeld. Von Frauen wird stereotypisch erwartet, dass sie fürsorglich und unterstützend sind und, dass zwischen ihnen und ihren Kolleginnen kein Konkurrenzkampf herrscht, was nicht klassisch geschlechtsrollenkonform wäre. Frauen, die offensichtlich konkurrieren, was bei den »Bienenköniginnen« ja der Fall ist, werden schnell als feindselig und unfreundlich wahrgenommen. Bei Männern, die konkurrieren, ist dem nicht so; bei Männern wird das als Zeichen von Durchsetzungsvermögen wahrgenommen à la »Der weiß eben, was er will«[106]. Die stereotypisch weiblichen Eigenschaften können Frauen in Führungspositionen nicht oder nur sehr schwer vorweisen, weil sie sonst den Erwartungen ihrer Rolle als Führungsperson nicht gerecht werden können, da Empathie, Unterstützung und Fürsorge in direkter Opposition zu Selbstbewusstsein und Dominanz stehen – stereotypische Eigenschaften, die von Vorgesetzten erwartet werden[107] und die stereotypisch männlich konnotiert sind.[108] Aus diesem Grund legen sie eine »männliche« Verhaltensweise an den Tag, um ihre Position als Vorgesetzte zu wahren. Folglich werden sie dann nicht mehr als weiblich wahrgenommen.[109] Auch hier spielt die Gender-Bias, die wir besprochen haben, eine Rolle.

4.3 Der Umgang mit geschlechtsbasierter Diskriminierung am Arbeitsplatz

Das Bienenkönigin-Syndrom kann also als Reaktion auf eine Bedrohung der sozialen Identität sowie eine Reaktion auf ein besonders diskriminierendes Arbeitsumfeld interpretiert werden, denn das Selbstbild ist geprägt vom sozialen Umfeld, in dem man/frau sich bewegt und dem man/frau sich zugehörig fühlt.[110] Kurmeyer determiniert zwei Arten, mit dieser Bedrohung im Arbeitsumfeld umzugehen:

1. kollektive Mobilität: Die Erfahrung geschlechtsbasierter Diskriminierung am Arbeitsplatz kann Frauen dazu veranlassen, aktiv gegen abwertende weibliche Stereotype vorzugehen. Das hat dann die Aufwertung der Arbeit von allen Frauen zur Folge und ist geprägt von gegenseitiger Unterstützung.
2. individuelle Mobilität: Andererseits kann diese Erfahrung auch dazu führen, dass Frauen sich von der sozial entwerteten Gruppe Frau aktiv distanzieren und den Unterschied zwischen sich und den anderen Frauen in den Vordergrund stellen, um damit die Aufwertung ihrer eigenen Arbeit zu erreichen. Das hat dann die Abwertung der Arbeit aller anderen Frauen zur Folge.

Die Entscheidung darüber, welcher Weg gewählt wird, ist davon abhängig,[111] »wie fest ein selbstbewusster und positiver Umgang mit der eigenen Geschlechtszugehörigkeit im Selbstbild verankert ist«,[112] und daher reagiert jede Frau anders. Eine Studie holländischer Forscherinnen, auf die sich Christine Kurmeyer in ihrer Arbeit stützt, konnte generell folgendes Schema bestimmen: Frauen, die sich dessen bewusst sind, dass Geschlechtszugehörigkeit weitestgehend ein struktureller Diskriminierungsmechanismus ist, fällt es leichter, sich mit Kolleginnen zu verbünden, Strukturen zu verändern und den Weg der kollektiven Mobilität zu gehen. Eine positive Identifizierung mit dem weiblichen Geschlecht führt zu Neubewertung und Umdeutung bereits bestehender Stereotype in Bezug auf Eigenschaften, die in Führungspersonen als notwendig erachtet werden; das in weiten Teilen bestehende Führungskonzept mit traditionellen »männlichen« Eigenschaften wird ohnehin als nicht mehr zukunftweisend und veraltet eingestuft. Frauen, die die Meinung vertreten, dass das Geschlecht einer Person keine Rolle bei der Ausübung ihrer (beruflichen) Tätigkeit spielen darf und sollte, sind eher dazu geneigt, dem Weg der individuellen Mobilität zu folgen und subtile geschlechtshierarchische Abwertung auszuüben.[113] »Die Individualisierung der eigenen Erfolgsgeschichte verstellt [...] schnell den Blick auf systematische Diskriminierungsstrukturen.«[114] Die Studie der holländischen Forscherinnen und Christine Kurmeyer entkräftet durch die Kontextualisierung des Verhaltens gemäß dem Bienenkönigin-Syndrom die ursprünglich vorherrschende Annahme der »anthropologische[n] Festschreibung der Unmöglichkeit eines frauensolidarischen Arbeitsstils«,[115] und macht so deutlich, dass in frauenfeindlichen oder diskriminierenden Unternehmen ein bestimmtes Verhalten der Anpassung herrscht. Wenn Frauen in ihrem Arbeitsumfeld mit geschlechtsspezifischer Diskriminierung und Vorurteilen gegenüber ihrem Geschlecht konfrontiert werden, ist die Reaktion darauf (natürlich nicht in allen Fällen), sich an die führende Meinung des Umfelds anzupassen, um selbst nicht (negativ) aufzufallen – und diese Assimilation kann dann so weit gehen, dass die eigene Weiblichkeit verstoßen wird und die Frauen sich selbst »männliche« Eigenschaften zuschreiben, z. B. Leistungsstärke, und im Zuge dessen ihre Kolleginnen als nicht leistungsstark diskreditieren. Das drückt den verständlichen Wunsch aus, zu bereits vorhandenen Gruppen oder Netzwerken dazugehören zu wollen und sich zugleich von der diskriminierten Gruppe zu distanzieren.[116] Dasselbe Verhalten lässt sich auch in anderen Kontexten an allen Geschlechtern beobachten.

Kurmeyer zieht interessante Schlüsse zwischen der heutigen Rollenstereotypisierung und der mitteleuropäischen Industrialisierung Mitte des 19. Jahrhunderts. Sie betrachtet die Trennung des öffentlichen und des privaten Lebens und die daraus resultierende geschlechtsspezifische Segregation der Arbeitsbereiche, die durch die Industrialisierung herbeigeführt wurde, als direkten Ursprung der Rollenstereotypisierung weiblicher und männlicher Verhaltensmuster. Sie führt weiter aus, dass das in zwei parallele und sich wechselseitig verstärkende Phänomen mündet:

1. Frauen passen ihr Verhalten an das ihrer Kollegen an, werden dadurch aber von ihrem Umfeld nicht als durchsetzungsfähig, sondern als gefühlskalt wahrgenommen.
2. Frauen sehen sich selbst als von der männlich geprägten Norm einer Führungsperson abweichend und können sich selbst

erst dann erfolgreich nennen, wenn sie eine leitende Funktion übernehmen, und um sich als der Führungsebene zugehörig anzusehen, attribuieren sie sich selbst männliche Eigenschaften und können davon abweichende »weibliche« Eigenschaften nicht anerkennen.[117]

4.4 Fazit

Die Theorie des »Bienenkönigin-Syndroms« ist zwar etwas veraltet, dafür aber immer noch erschreckend relevant. Wegen der unterschiedlichen Erwartungshaltung gegenüber Frauen und Männern, bei der das Gender-Bias eine große Rolle spielt, kommt hinzu, dass stereotypisch weibliche oder männliche Eigenschaften, wenn sie beim jeweils anderen Geschlecht auftreten, anders gewertet werden. Z. B. gelten durchsetzungsfähige Frauen als forsch und unsympathisch; das wäre bei einem durchsetzungsfähigen Mann nie der Fall. Das wiederum hat zur Folge, dass sich Frauen durch genderbasierte Diskriminierung dazu gezwungen fühlen, sich von der eigenen Gruppe, die kontinuierlich sozial abgewertet wird, zu distanzieren und sich damit als besonders hervorzuheben. Die ursprüngliche These ist davon ausgegangen, dass Frauen nicht kooperativ arbeiten können – diese Annahme ist natürlich falsch; äußere Einflüsse sind größtenteils verantwortlich. Eine Generalisierung ist außerdem auch nicht möglich. Jede*r ist anders und reagiert anders. Gegenseitige Unterstützung zählt. Frauen erhalten sowieso schon von allen Seiten Gegenwind, da müssen wir es uns nicht auch noch gegenseitig noch schwerer machen. Konkret empfiehlt es sich, positiv aufeinander zu schauen. Und vor allem, wenn man/frau die starke Person in der Gruppe ist, die anderen Frauen zu unterstützen. Es geht nur gemeinsam.

5 »Was sagt denn Ihr Mann dazu?«

»Kann man/frau mit Kindern eine gute Kanzlerin sein?« Dieser Frage musste sich Annalena Baerbock als erste Kanzlerkandidatin (der GRÜNEN bzw. nach Angela Merkel, die selbst keine Kinder hat) stellen. Noch nie wurde ein Kanzlerkandidat mit dieser Frage konfrontiert. Ein Herr Armin Laschet oder andere Spitzenpolitiker wurden das nicht gefragt. In diesem Kapitel werden wir uns die Wahrnehmung der Geschlechter anschauen, die auch bei gleichem Verhalten sehr unterschiedlich ausfallen kann; dieses Phänomen soll mit Beispielen aus dem Consulting beleuchtet werden. Außerdem wird es auch um die immer wieder auftretende Frage der Vereinbarkeit von Beruf und Familie gehen. Im Zuge dessen wird die Tatsache, dass sich in den meisten Fällen nur Frauen dieser Frage stellen müssen, das Verhältnis zwischen Staat und Erziehung, die in Deutschland übliche Trennung zwischen Berufs- und Familienleben und der Vergleich zu anderen Ländern betrachtet. Des Weiteren wollen wir uns den Begriff »Doppelverdiener*innen« genauer anschauen: Definitionen, Herkunft, Entwicklung und Problematik.

5.1 Selbstbewusst vs. unsympathisch

Geschlechtsstereotype sind dafür verantwortlich, dass ähnliche oder gleiche Verhaltensweisen bei Männern und Frauen auf unterschiedliche Art wahrgenommen werden. In Kapitel 4, unter dem zweiten Abschnitt, wurde bereits über die unterschiedlichen Erwartungen an Frauen und Männer gesprochen, die es Frauen zusätzlich erschweren, Führungspositionen einzunehmen. Weiblichkeit wird unter anderem mit Empathie und Hilfsbereitschaft assoziiert. Selbstbewusstsein und Dominanz passen nicht in dieses Bild oder werden zumindest bemerkt und kommentiert. Beides ist aber notwendig dafür, vor allem in männerdominierten Bereichen nicht unterzugehen. Diese Geschlechterassoziation von Weiblichkeit mit Empathie und die Nichtkompatibilität mit Dominanz sorgen dafür, dass selbstbewusst auftretende Frauen noch immer schnell als unsympathisch, unfreundlich oder sogar zickig von der Außenwelt wahrgenommen werden. Das klingt alles total veraltet und hätte genauso gut in den 1960er-Jahren so geschrieben werden können, das Phänomen hat sich aber kaum geändert. Höchstens vielleicht die politisch korrekte Sprache, in der dieses Phänomen beschrieben wird, hat sich verändert (siehe Kapitel 1).

Auch in den 2020er-Jahren sind in Führungspositionen in den meisten Unternehmen Männer in der Überzahl, somit sind sie auch die dominante soziale Gruppe und infolgedessen auch die Anweisungsgeber – sie haben das Sagen[118] und bestimmen die Regeln. Prozesse, Regelungen und Strukturen »sind gemacht von Männern für Männer«[119]. In allen Bereichen im Unternehmen sind versteckte Ausschließungsprozesse am Werk, die die männliche Dominanz im Unternehmen erhalten. Konkrete Beispiele für Verhaltensweisen, die die männliche Dominanz sicherstellen sollen, nennt Cornelia Edding in ihrem Ratgeber *Herausforderung Karriere: Strategien für Frauen auf dem Weg nach oben* und beschreibt sicher eine Situation, mit der sich Frauen häufig am Arbeitsplatz konfrontiert sehen: Es geht um Konkurrenz, Aufstieg und darum, wer welche Aufgaben erhält (begehrte oder weniger begehrte). Es mag also vorkommen, dass der Chef bestimmte Arbeitsergebnisse nur dem Vorstand präsentiert und er es versäumt, die Frau, die für die Ergebnisse verantwortlich ist, ebenfalls zum Gespräch zu bitten. Es kann aber auch dafür gesorgt werden, dass besagte Frau beim Vorstand nicht zu Wort kommt, oder sie fühlt sich durch bewusst abwertende Kommentare dazu gezwungen, lieber nichts zu sagen – die Möglichkeiten der Sicherung der männlichen Dominanz im Unternehmen sind nahezu endlos; so auch Cornelia Edding. Insofern sind nicht nur festgefahrene Geschlechtsstereotype und die Konnotation von Weiblichkeit mit Empathie und Hilfsbereitschaft, was in diesem Kontext schon mit Gefügigkeit gleichgestellt werden könnte, sondern auch die festgefahrenen Machtstrukturen männlicher Dominanz die Ursachen dafür, wie Selbstbewusstsein und Toughsein bei Frauen am Arbeitsplatz aufgenommen werden.

5.2 Fallgeschichte (Feedbackrunde und Consulting)

In einem Teamworkshop von Abteilungs- und Bereichsleiter*innen, bei dem es um bessere Zusammenarbeit, gegenseitige Akzeptanz und die Entwicklung zukunftsfähiger Konzepte ging, war eine Feedbackrunde zwischen den Teilnehmenden ein Bestandteil des Workshops (der aus vielen Männer und nur einer Frau) bestand. Die einzige Frau in der Leitungsrunde wurde schon in Vorgesprächen vom Leiter der

Einheit hoch gelobt. Er sagte, sie sei die Einzige, die sein Zukunftskonzept verstanden habe, die aus einer Unternehmerfamilie komme und von Haus aus unternehmerisch denken könne, und war voll von Lob und Begeisterung für die aufstrebende Abteilungsleiterin. Beim Feedback mit den Kollegen wurde ihr zurückgespiegelt, sie würde ihre Entscheidungen alleine treffen, die anderen nicht mitnehmen oder einbeziehen – sie sei eine Einzelgängerin. Sie antwortete, dass sie ebenso sei, und so sei sie auch schon im Kindergarten gewesen. Der Bereichsleiter, der neben mir saß, war sichtlich begeistert von ihrer Toughheit, Klarheit und Unbeirrbarkeit, die hier zutage kam. Als diese Sequenz zu Ende war, konnte er dann doch die Frage nicht zurückhalten: »Was sagt denn dein Mann dazu?« Verhaltensweisen und Eigenschaften, die vorher so positiv wahrgenommen worden waren, wurden nun in einen privaten Kontext gerückt. Die Konnotation »der arme Mann, der mit so einer Frau verheiratet ist und das zu Hause aushalten muss«, schwang unmissverständlich mit. Dem Kollegen, der die Frau mit völlig selbstherrlichem und besserwisserischem Verhalten konfrontiert hatte, wurde die entsprechende Frage überraschenderweise nicht gestellt.

5.3 Die Vereinbarkeit von Beruf und Familie

Beruflich erfolgreich sein und gleichzeitig Familie haben – geht das überhaupt? Unglaublicherweise ist das noch immer eine Frage, die bei Bewerbungsgesprächen gestellt wird – hauptsächlich wird sie an Frauen gerichtet. Immer noch hauptsächlich Frauen müssen sich die Frage nach der Vereinbarkeit dieser beiden Lebensbereiche stellen. Denn Frauen leisten nach wie vor den Großteil der unbezahlten Arbeit, die im Haushalt neben ihrer beruflichen Tätigkeit zusätzlich anfällt. Hinzu kommt, dass die Anforderungen an Elternschaft massiv gestiegen sind. Frühe Förderung, bewusste Ernährung, geeignetes Umfeld – heute sind Eltern einem sehr großen, selbst gemachten Erwartungsdruck ausgesetzt. Eltern sein ist ein Fulltime-Job. Ein weiteres Phänomen ist die Tatsache, dass Frauen und Männer immer später Kinder bekommen. Männer sind im Durchschnitt zwei bis drei Jahre älter bei der Verpaarung, sind dann im Alter von 30–35 oft etwas weiter in ihrer Karriere und verdienen mehr. Weshalb es dann auch naheliegt, dass eher die Frauen zurückstecken. Das US-amerikanische Unternehmen Bright Horizons, das Kinderbetreuung anbietet, veröffentlichte diesbezüglich eine Studie. Im Jahr 2017 befragten sie dafür ca. 2100 arbeitende US-Bürger*innen, die mindestens für ein minderjähriges Kind sorgen. Dabei kam heraus, dass Frauen sich doppelt so häufig um Haushaltsangelegenheiten und Kinderbetreuung kümmerten als ihre Partner. Das traf auch auf solche Haushalte zu, in denen die Frauen mehr verdienten als die Männer; tatsächlich war das Verhältnis in diesen Haushalten noch extremer: Frauen übernahmen hier sogar dreimal so viel an unbezahlter Arbeit zu Hause. Das beliebte und veraltete Argument, dass Männer eben das Geld nach Hause brächten und deshalb weniger Zeit für Haushalt und Kinder hätten, ist damit nicht länger überzeugend.[120] Diese Studie aus den USA ist nicht die einzige ihrer Art; nach einer kurzen und oberflächlichen Internet-Suche allein findet man/frau zahlreiche solcher Studien mit ähnlichen Ergebnissen. Was man/frau daraus zieht, ist, dass die Emanzipation zu langsam und zu wenig stattfindet und wir, zumindest auf gesellschaftlicher Ebene, noch fast in den 1950er-Jahren feststecken. In Anbetracht dessen ist es nur allzu berechtigt, sich die Frage zu stellen, ob sich Karriere und Familie überhaupt miteinander vereinbaren lassen, denn »wer [...] mehr Zeit mit unbezahlter Arbeit verbringt, steckt entweder bei der Karriere zurück oder lädt sich enormen Stress auf«.[121]

Auch die vorherrschende Sichtweise der Unternehmen begünstigt die Vereinbarkeit von Karriere und Familie nicht. Sie fürchten, so Cornelia Edding, dass es sich negativ auswirken könnte und Nachteile bärge, wenn Angestellte beides unter einen Hut bringen wollten. Frauen mit Familie seien weniger zuverlässig als solche ohne Familie oder als ihre männlichen Kollegen, die in Sachen Familie stereotypisch oft einen Freifahrtschein haben, sich aus Familienangelegenheiten rauszuhalten und sich voll und ganz auf die Karriere zu konzentrieren. Das führen sie auf die Annahme zurück, dass, wer im Beruf erfolgreich sein will, rund um die Uhr verfügbar und vor allem auch mobil sein muss. Frauen, hinter denen eine Familie steht, können dieser Bedingung der Verfügbarkeit, in ihren Augen, nicht immer nachkommen. Schließlich lassen sich die Bedürfnisse der Kinder oder anderer Pflegebedürftiger nicht einfach ein- und ausschalten, wie es gerade passt. Wenn das Unternehmen also möchte, dass ihre Angestellten den Ort oder sogar das Land zu ihren Gunsten wechseln, dann kann das mit Familienmitgliedern, die eventuell schulisch oder beruflich an einen bestimmten Ort gebunden sind, oft nur schwer umsetzbar

sein. Diese Annahme der Unvereinbarkeit und der Schwierigkeiten bei der Koexistenz von Karriere und Familie ist so verbreitet, dass Frauen extrem, fast schon übervorsichtig bei der Familienplanung sind und ihren Arbeitgebern zu viel Einfluss auf ihr Privatleben einräumen.[122]

»Wie sieht denn Ihre Familienplanung aus?«

Frauen müssen sich die Frage nach der Vereinbarkeit von Karriere und Familie nicht nur wegen existierender Geschlechtsrollenstereotype stellen, sondern auch wegen des Drucks durch Arbeitgeber. Offiziell sind nach dem Allgemeinen Gleichbehandlungsgesetz (AGG) jegliche Fragen zur Familienplanung oder alle anderen Fragen, die sich auf das Privatleben von Bewerber*innen beziehen, verboten,[123] da sie »ein Indiz [dafür sind], dass das Geschlecht ein Auswahlkriterium ist«.[124] Gestellt werden solche Fragen Frauen bei Bewerbungsgesprächen aber trotzdem, und sie sind dabei meistens an Frauen eines bestimmten Alters gerichtet und/oder an die, die in festen Partnerschaften leben.[125] Die Fragen während eines Bewerbungsgesprächs dürfen sich ausschließlich auf Themenbereiche beziehen, die thematisch direkt mit der Tätigkeit verbunden sind: Ob und wann man/frau plant, Kinder zu bekommen, hat nichts mit den notwendigen Fähigkeiten, eine bestimmte Tätigkeit auszuüben, zu tun. Nicht immer werden Fragen dieser Art auf so direkte Weise gestellt, sondern sind getarnt durch Gesamtinteresse an den Bewerber*innen. Es wird nach Partner*innen, der Wohnsituation und der Zufriedenheit der Bewerber*innen mit ihrer Lebenssituation gefragt.[126] Häufig auch erst gegen Ende des Gesprächs, sodass nicht mehr ganz klar ist, ob diese Frage nun noch Teil des Bewerbungsgesprächs ist oder nicht, wobei dann den Bewerber*innen nicht klar ist,[127] »was gerade passiert«.[128] Nathalie Oberthür (2018) rät davon ab, solche Fragen zu ignorieren oder sogar darauf hinzuweisen, dass sie rechtlich nicht zulässig sind, sondern stattdessen zu lügen, denn der Gesetzgeber gewährt Arbeitnehmer*innen bei (nach dem AGG) unzulässigen Fragen das Recht zur Lüge.[129]

So langsam ist aber auch bei den Unternehmen angekommen, dass Familienfreundlichkeit bei der Jobsuche und Stellenwahl eine immer größere Rolle spielt – bei Frauen und bei Männern.[130] »Familienfreundlichkeit [...] zahlt sich aus«:[131] Sie reduziert Krankheitstage, Personalkosten und Mitarbeiterfluktuation. Zugleich steigert sie die Motivation der Mitarbeiter*innen und sorgt für einen guten Ruf eines Unternehmens. Erreicht werden kann all das durch verschiedene

Angebote seitens der Unternehmen, z. B. durch Arbeitszeitflexibilisierung (hier sollte angemerkt werden, dass Teilzeit zwar eine gute Option ist für Menschen, die arbeiten und Familie haben wollen, dass sie aber keine Aufstiegsmöglichkeiten bietet), Elternzeit und Elternförderung, das In-Kontakt-Bleiben während des Mutterschutzes und der Elternzeit sowie die Garantie des Wiedereinstiegs, Kinder- und Angehörigenbetreuung und Familienservices wie haushaltsrelevante Dienstleistungen und Kantinenessen für Mitarbeiterkinder. Das Problem, das Edding hervorhebt, ist, dass kaum jemand über solche Angebote informiert ist, und das schließt oft auch Vorgesetzte und Gleichstellungsbeauftragte mit ein – der Informationsfluss und -austausch müssen also dringend verbessert werden. Solche Angebote müssen nicht nur gemacht, es muss auch deutlich auf sie hingewiesen werden, damit sie in Anspruch genommen werden können und der Konflikt »Karriere oder Beruf?« der Vergangenheit angehören kann.[132]

Das Verhältnis zwischen Staat und Erziehung

»Warum hast du Kinder bekommen, wenn du sie dann in die Kita bringst?« Diesen Satz werden Mütter und Väter häufig zu hören bekommen, deshalb möchte ich das Verhältnis zwischen Staat und Erziehung reflektieren, da es besonders in Deutschland von Bedeutung ist.

Die Arbeitsgemeinschaft für Kinder- und Jugendhilfe beleuchtet in ihrem Positionspapier aus dem Jahr 2018 die Beziehung zwischen Staat und Erziehung: die Rolle des Staates in der Erziehung und bis zu welchem Grad der Staat in Erziehungsfragen eingreift und aktiv an der Gestaltung der Kindererziehung beteiligt ist. In den Augen der Kinder- und Jugendhilfe besteht die primäre Aufgabe des Staates darin, Eltern in ihrer Aufgabe zu unterstützen und Angebote zu machen.[133] So ist es auch im Gesetz zur Kooperation und Information im Kinderschutz (KKG – Gesetz zur Kooperation und Information im Kinderschutz) festgelegt: »Aufgabe der staatlichen Gemeinschaft ist es, soweit erforderlich, Eltern bei der Wahrnehmung ihres Erziehungsrechts und ihrer Erziehungsverantwortung zu unterstützen« (§ 1 Abs. 3 KKG). Eltern sind nicht dazu gezwungen, Unterstützungsangebote anzunehmen, auch wenn sie, nach der Meinung von Expert*innen, sinnvoll und zum Wohle des Kindes wären. Das hört sich erst einmal nach einer unaufdringlichen Beteiligung des Staates an der Erziehung an. Tatsächlich gestaltet der Staat aber die (Rechts-)Beziehung zwischen Eltern und Kindern sowie den Alltag aktiv durch verschiedene gesetzliche Regelungen mit. Hier einige Beispiele:

- beschränkte Geschäftsfähigkeit ab dem 7. Lebensjahr
- Strafmündigkeit ab dem 14. Lebensjahr
- Schutz vor schädlichen Einflüssen, z. B. Alkohol bis zum 16. bzw. 18. Lebensjahr
- Schutz vor bzw. Untersagen von sexuellen Handlungen bis zum 14. Lebensjahr
- Religionsmündigkeit ab dem 14. Lebensjahr
- Schulpflicht, beginnend mit der Vollendung des 5. Lebensjahrs bis zur Vollendung des 18. Lebensjahrs
- Wahlrecht, generell ab dem 18. Lebensjahr.

Es handelt sich um einen ständigen Balanceakt zwischen Fremdbestimmung und Selbstständigkeit. Der Staat räumt Kindern und Jugendlichen, unter Beachtung ihrer jeweiligen Selbstständigkeits- und Selbstbestimmungsrechte, mit fortschreitendem Alter gesetzlich mehr Selbstbestimmungsrecht ein.[134] Zu Beginn des Jahres 2021 ist die Bundesregierung noch einmal einen Schritt weiter gegangen und verabschiedete zum 20.01.2021 einen Referentenentwurf, der Artikel 6 Abs. 2 des Grundgesetzes um ein explizites Kindergrundrecht erweitern soll. Diese Erweiterung legt Achtung und Schutz der Rechte von Kindern auf[135] »Entwicklung zu eigenverantwortlichen Persönlichkeiten«[136] fest und legt fest, dass das Wohl der Kinder »angemessen zu berücksichtigen«[137] ist. Die Erstverantwortung der Eltern soll aber weiterhin unberührt bleiben.[138]

Damit ist nun klar, wie weit der Staat in die Erziehung der Eltern eingreift, aber bis zu welchem Grad ist es Eltern ihrerseits möglich, in die pädagogische Praxis öffentlicher und staatlicher Erziehungsstätten wie Schulen, Kitas und Kindergärten einzugreifen? Die Kinder- und Jugendhilfe wirft in ihrem Positionspapier folgende Fragen auf: Können Eltern erwarten, dass das Essen in Kitas etc. an ihre individuellen Lebensstile angepasst ist (vegetarisch/vegan, koscher, halal etc.)? (Nur rhetorische Frage: Dürfen Eltern vorschreiben, mit welchen anderen Kindern, die dieselbe Erziehungsanstalt besuchen, ihre eigenen Kinder Kontakt haben dürfen und mit welchen nicht?) Haben Eltern ein Mitsprache- und Vetorecht, wenn es um pädagogische Inhalte geht, die ihren Kindern während des Besuchs der Erziehungsstätte vermittelt werden? Wie sieht es bei anderen Konflikten aus, die z. B. die Religion oder andere Weltanschauungen betreffen: Können Eltern darauf bestehen, dass ihre Kinder davon ausgenommen sind, am Tischgebet teilzunehmen etc.? Kann der Staat, in diesem Fall in Gestalt des Personals der staatlichen Erziehungseinrichtung, über die Wünsche der Eltern hinweggehen, wenn sie demokratischen Idealen und Werten der Gesellschaft widersprechen? Erziehung ist eine Gemeinschaftsleistung unterschiedlicher Menschen – Eltern, anderer Familienmitglieder und Staat, der die Familie mit seinen Angeboten unterstützen und entlasten soll. Durch sich verändernde Gesellschaftsstrukturen ist die Kindererziehung nicht mehr nur Eltern- bzw. Frauensache, sondern ein gemeinsamer Aufwand von Familie, Gesellschaft und Staat.[139]

Die strikte Trennung zwischen Berufs- und Familienleben

Eine kurze Internet-Suche führt zu zahlreichen Artikeln der Art »Warum Sie Privat- und Berufsleben unbedingt trennen sollten«. Jutta Allmendinger spricht im Interview mit dem Stifterverband für die Deutsche Wissenschaft von einem Problem in Deutschland: Das Problem ist die strikte Trennung zwischen Arbeit und Familie, und diese Trennung würde die Vereinbarung beider Lebensbereiche nur erschweren.[140] Sie spricht von einer »Einbahnstraße«, in der nur die Arbeit mit nach Hause in den privaten Raum getragen wird, das Private und die Familie werden aber niemals mit zur Arbeit – ins Unternehmen – gebracht. Ich glaube, in Deutschland haben wir eine wesentlich striktere Trennung zwischen privatem und öffentlichem bzw. beruflichem Bereich als in anderen Kulturen, in denen diese Bereiche nicht so strikt getrennt werden. Jedem/jeder, der/die international arbeitet, fällt auf, dass die Frage nach dem Befinden der Kinder, der Eltern oder insgesamt des persönlichen Umfelds eigentlich oft zum Small-Talk-Start dazugehört. In meinen ersten internationalen Einsätzen hat es mich deshalb fasziniert, wie italienische, spanische, oder französische Kolleginnen von ihren Kindern sprachen, ohne gleich die Rabenmutterkeule anwesender männlicher Kollegen übergezogen zu bekommen. Das hat mir viel Mut gemacht. Bei meiner ersten internationalen Konferenz war eine französische Vorständin angereist, und da die Konferenz am Wochenende stattfand, hatte sie ihre beiden Töchter mitgebracht. Außerdem war sie superelegant gekleidet und sah blendend aus. Das waren Elemente, die mir in Deutschland so noch nicht begegnet waren. Das hat mich veranlasst, meine Zuschreibungen und Bewertungen radikal zu überdenken. Ein deutsches Phänomen ist eine unhinterfragt tradierte Grundannahme aus dem sogenannten Dritten Reich: Das Kind gehört zur Mutter. Dieses Phänomen hat noch mehrere Quellen: die Engführung auf die Kleinfamilie hin und die Idee der Kindererziehung durch die Mutter, während man/frau in Italien vor allem die Großfamilie hat und in Frankreich der Staat Hauptverantwortlicher in der Kindererziehung ist.

5.4 »Doppelverdiener*innen«

Der Begriff »Doppelverdiener« hat bereits eine fast 100-jährige Geschichte vorzuweisen und kann bis in die »wilden 1920er-Jahre« zurückverfolgt werden. Nachdem Frauen für die Wirtschaft während des Ersten Weltkriegs, also während der Abwesenheit der Männer, absolut essenziell waren, wollten sie »einfach nicht mehr aufhören zu arbeiten«.[141] Auch nicht nach der Hochzeit, wenn sie sozusagen »ausgesorgt« hatten. So gab es in den frühen 1920er-Jahren unzählige Klagen gegen die sogenannten Doppelverdienerinnen, denn nach damaliger Auffassung waren verheiratete Frauen, die erwerbstätig waren, obwohl ihre Ehemänner bereits voll beschäftigt waren, für die hohe Arbeitslosigkeit mitverantwortlich: »Die nehmen den Männern, die aus dem Krieg nach Hause zurückkehren, die Arbeit weg.« Nachdem das Wort (in einer jetzigen Schreibweise:) »Doppelverdiener*innen« 1922 erstmals aufgekommen war, entwickelte es sich schnell zum Schlagwort in nationalkonservativen Kreisen. Das Regierungsblatt für Württemberg (eine teilstaatliche Vorschriftensammlung, die bis zum Ende des Zweiten Weltkriegs veröffentlicht wurde) ordnete 1924 an, dass alle[142]

> »Beamt[innen], deren Ehegatte einen dauernden und gesicherten Erwerb hat, aus dem ein angemessener Beitrag zu den Kosten des Haushalts geleistet werden kann [sog. Doppelverdiener*innen], sind unter allen Umständen zeitlich in den Ruhestand zu versetzen bzw. zu entlassen«[143]

– verheiratete Frauen wurden demnach wieder zurück in die heimische Sphäre gezwungen, und der Begriff »Doppelverdiener« war Synonym für verheiratete, erwerbstätige Frauen. Bis 1932 hatte sich die Definition geändert und etabliert. Doppelverdiener*innen wurden in zwei Kategorien eingeteilt:[144]

1. Ehepartner*innen, die beide berufstätig sind und Geld verdienen
2. jemand, der Einkommen aus zwei beruflichen Tätigkeiten hat.[145]

Genau diese beiden Definitionen findet man/frau noch heute so im Duden (Deutsches Universalwörterbuch). Mit der Machtergreifung 1933 starteten die Nazis eine Kampagne gegen diese Doppelverdiener*innen. Sie sahen die Hauptaufgabe der Frau darin, Kinder zu gebären. Ihnen wurde jedoch schnell bewusst, dass weibliche Arbeitskräfte, so wie im Ersten Weltkrieg, auch für die Kriegswirtschaft des Zweiten Weltkriegs essenziell waren und dringend gebraucht wurden. Die Nazi-Kampagne hatte sich aber nicht nur gegen solche Doppelverdiener*innen in ehelichen Partnerschaften gerichtet, in der beide erwerbstätig waren (Definition 1), sondern auch gegen solche, die Einnahmen aus zwei Tätigkeiten erhielten (Definition 2), denn auch sie nahmen ja Arbeitssuchenden eine Stelle weg.

Was in den 1930er-Jahren als Anlass zur Unterstellung von Korruption galt und als Vorwand zur Hetze gegen Juden benutzt wurde,[146] ist heute nahezu Normalität. Es ist heutzutage nicht unüblich, dass eine Person nicht nur eine einzige Einnahmequelle hat, sondern zwei oder auch mehrere. Und nach Angaben des Bundesinstituts für Bevölkerungsforschung (BiB) sind 66 % der 50- bis 64-jährigen Paare Doppelverdiener*innen.[147] Noch vor wenigen Jahren konnte, vor allem in ländlichen Gegenden, beobachtet werden, dass es eher eine Seltenheit ist, dass beide Partner*innen erwerbstätig sind, und dass nach wie vor die traditionelle Arbeitsteilung des männlichen Brotverdieners und der Hausfrau überwiegt. Seit 1997 hat sich die Zahl der »Doppelverdiener*innen«-Paare mehr als verdoppelt; so betraf dies damals nur 29 %. Das mag einerseits an den stets steigenden Lebenshaltungskosten liegen, sodass man/frau es sich schlicht nicht mehr leisten kann, auf ein Gehalt zu verzichten, aber die veränderte Einstellung von Frauen zur Berufstätigkeit und die der Gesellschaft gegenüber berufstätigen Frauen haben diese Veränderung auch mitbeeinflusst.[148]

Nachdem der Begriff während des Nazi-Regimes negativ behaftet war und überwiegend zu Hetze verwendet wurde, nimmt der Wortgebrauch »Doppelverdiener*in« in der Nachkriegszeit ab, vor allem in den 1960er-Jahren unter der[149] »adenauerschen Restauration«[150] deutlich. Aber nicht aufgrund von besserer Einsicht, sondern weil sich nach den turbulenten Kriegsjahren, die von Unsicherheit und Zerstörung geprägt waren, man/frau nach Sicherheit und Tradition sehnte; so hielt das alte neue Familienbild mit dem Mann als Ernährer und der Frau, die zu Hause bleibt, wieder Einzug – und es hält sich bis heute. Hier wiederholte sich die Geschichte: Das »Doppelverdienergesetz« (das mit Gründung der BRD 1949 eingeführt und, soweit ich das nachforschen konnte, mit dem Gesetz über die Gleichberechtigung von Mann und Frau 1958 wieder aufgehoben wurde), zwang Frauen zurück in die heimische Sphäre, nachdem die Männer aus dem Zweiten Weltkrieg zurückgekehrt waren. Die »Zölibatsklausel«[151] besagte, dass eine Frau, deren Ehemann bereits genug Geld mit nach Hause brachte, um die Familie zu ernähren, entlassen werden musste – und sie war bis in die 1950er-Jahre noch fester Bestandteil der Arbeitsverträge der Mitarbeiterinnen. Schließlich mussten Frauen Platz machen für die Männer, die aus dem Krieg zurückgekehrt waren, damit auch sie ihre Familien ernähren konnten. Bereits in den 1920er-Jahren hatte man/frau nach dem Ersten Weltkrieg so versucht, Frauen wieder in ihre traditionelle Rolle zu drängen (siehe Absatz 1 von Abschnitt 5.4).

Das Doppelverdienergesetz war aber nicht die einzige gesetzliche Regelung, die dazu beitragen sollte, zur »alten Ordnung« zurückzukehren; Frauen durften überhaupt nur dann einer Erwerbstätigkeit nachgehen, wenn sie die Zustimmung ihres Ehemannes hatten. Der wiederum konnte, wenn er es denn so wollte, die Arbeitsstelle seiner Frau einfach ohne ihre Zustimmung kündigen. Neben gesetzlichen Regelungen, die Frauen wieder zurück an den Herd drängen wollten, wurde auch großer sozialer Druck auf die Frauen ausgeübt, die trotzdem weiterhin erwerbstätig waren. Man/frau nannte sie egoistisch und asozial, da sie ja den armen Männern, die aus dem Krieg zurückgekehrt waren, die Arbeitsplätze wegnahmen. Auch als Rabenmütter wurden sie bezeichnet, und ihre Kinder nannte man/frau abfällig »Schlüsselkinder«. Der Begriff leitet sich daraus ab, dass diese »Schlüsselkinder« den buchstäblichen Schlüssel zur Haustür um den Hals trugen, um nach Schulschluss selbstständig ins Haus oder in die Wohnung zu gelangen. Dort waren sie dann ohne Betreuung und mussten sich selbst das Essen aufwärmen, bis die Eltern oder eben die Mutter von der Arbeit nach Hause kamen. Die »armen Schlüsselkinder« galten als vernachlässigt, und ihre Mütter waren egoistische Rabenmütter, die die eigenen Bedürfnisse über das Wohl ihrer Kinder stellten.

Im deutschen Westen wurde das Recht beider Ehegatt*innen zur Erwerbstätigkeit erst 1975 Teil des Grundgesetzes. Davor war es, wie gesagt, Frauen nur mit Zustimmung des Ehemannes erlaubt gewesen, einem Beruf nachzugehen, solange sich dies mit ihren Pflichten gegenüber der Familie vereinbaren ließ. Und da wären wir wieder beim Stichwort »Vereinbarkeit«. Das Recht auf Erwerbstätigkeit, eingeführt 1975, legte die Vereinbarkeit sozusagen zwar gesetzlich fest, praktiziert wird sie bis heute aber nur spärlich, und zu ihrer Ermöglichung wurde auch nur wenig beigetragen. Ohne hier näher auf die Unterschiede zwischen Ost und West eingehen zu wollen, sollte dennoch angemerkt werden, dass man/frau in der DDR bereits ca. 20 Jahre zuvor nicht nur das Recht auf Erwerbstätigkeit, sondern auch die flächendeckende, ganztägige Kinderbetreuung eingeführt hatte.[152] Das geschah mit Sicherheit nicht oder zumindest nicht nur aus Interesse an Frauenrechten, machte im Selbstverständnis der Frauen aber einen bedeutsamen Unterschied.

Nachdem man/frau in den Jahren nach dem Zweiten Weltkrieg damit beschäftigt gewesen war, die Vorkriegsgesellschaft wiederherzustellen, kam der Begriff der »Doppelverdiener*in« erst wieder auf, als es »Mainstream« wurde, dass die Frau in die Berufswelt einzog, und die Tendenz des Gebrauchs steigt stetig weiter. Er verliert an negativer Bedeutung, und es wird anerkannt, dass auch bei Doppelverdienern*innen das Geld nicht ausreicht und es eben zwingend notwendig ist, dass beide Partner*innen erwerbstätig sind, um sich z. B. eine Wohnung leisten zu können und um für die Bedürfnisse der Kinder aufkommen zu können. Allerdings ist der Begriff auch heute noch negativ belastet und wird in der Diskussion über die Gentrifizierung gehässig gegenüber denjenigen genutzt, die zwei Gehälter aus unterschiedlichen Tätigkeiten beziehen, und richtet sich vor allem gegen sogenannte Dinks (Double Income, No Kids), die durch ihren doppelten Verdienst ohne zusätzliche Ausgaben die Mietpreise in die Höhe treiben.[153] In der Wissenschaft distanziert man/frau sich eindeutig vom Begriff »Doppelverdiener*in« wegen seiner negativ überschatteten Vergangenheit, vor allem in den 1930er-Jahren. Statt von »Doppelverdiener*innen« spricht man/frau von »Zweitverdiener*innen« und grenzt sich somit klar und deutlich vom alten Begriff und seiner problematischen Vergangenheit ab.[154]

5.5 Fazit

Wir haben in diesem Kapitel eine lange Liste an Themen besprochen. Von »Doppelverdiener*innen« über die Rolle des Staats bei der Erziehung und die Trennung von Beruf und Familie bis zur unterschiedlichen Wahrnehmung der Schwierigkeit, Beruf und Familie unter einen Hut zu bringen.

Geschlechterstereotype spielen bei dieser Schwierigkeit, genauso wie in so vielen anderen Bereichen, eine zentrale Rolle. Selbstbewusstsein ist ein Muss dafür, in einer männerdominierten Welt voranzukommen, steht aber, so wie Konkurrenzverhalten, im Widerspruch zu stereotypisch weiblichen Eigenschaften wie Hilfsbereitschaft und Empathie. Selbstbewusste Frauen werden oft immer noch als unzugänglich und unsympathisch wahrgenommen. Das zeigt auch das Beispiel, das im Verlauf des Kapitels herangezogen wurde: Am Arbeitsplatz wird die »Toughheit« der Kollegin begrüßt, im privaten Kontext aber ist sie eher negativ konnotiert. Geschlechterstereotype, Wahrnehmungen und Erwartungen sowie die in Deutschland fest eingefahrene Trennung von Familie und Beruf erschweren eine Einigung zwischen Familie und Karriere. Obwohl wir bereits das Jahr 2022 schreiben, ist es immer noch unverhältnismäßig schwer, die eigene Karriere mit dem Familienwunsch zu vereinbaren – sowohl durch Druck, den man/frau sich selbst macht, als auch durch Druck von außen und durch mangelnde Angebote. Primär müssen sich außerdem Frauen diesem Problem stellen. Sie werden immer noch als die Hauptakteurinnen in der Kindererziehung, Pflege und im Haushalt wahrgenommen. Die Emanzipation in dieser Hinsicht geht viel zu langsam voran.

6 Frauen und Geld

»Mir ist Geld nicht so wichtig, ich mache meine Arbeit, weil sie mir Spaß macht.« In diesem Kapitel soll es um ein Thema gehen, über das nicht gerne und offen gesprochen wird: Geld. Frauen haben ein anderes Verhältnis zu Geld als Männer. Was bedeutet anders, und wie kommt's? Ein Aspekt, der immer mit einfließt, wenn es um Gleichberechtigung geht, ist die Gender Pay Gap. Sie wollen wir uns genauer anschauen. Wie wird sie berechnet? Welche Unterschiede gibt es (unbereinigte und bereinigte Gender Pay Gap)? Und worauf muss man/frau achten? Unsichtbare und unbezahlte Arbeit, z. B. im Haushalt, sollen noch einmal einen eigenen Abschnitt bilden, auch wenn bereits in Abschnitt 5.3 darüber gesprochen wurde. Gerade in Bezug auf die Gender Pay Gap ist sogenannte unsichtbare Arbeit besonders wichtig. Auch das deutsche Steuerrecht und die Art und Weise, wie es Frauen benachteiligen kann, wollen wir uns hier anschauen.

Frauen sei Geld nicht so wichtig und Geld sei nicht der primäre Aspekt, der Frauen an ein Unternehmen binde: Cornelia Edding belegt diese Aussage in ihrem Buch mit einer österreichischen Studie, die die berufliche Entwicklung von Frauen und Männern zehn Jahre lang beobachtet hat. Die Wege bezüglich Aufgabenbereich und Bezahlung spalten sich ca. ab dem dritten Berufsjahr, und es werden durchschnittlich 18 000 Euro weniger Gehalt bei Frauen festgestellt. Nichtsdestoweniger sagten sowohl Männer als auch Frauen aus, dass sie mit ihrem Verdienst zufrieden seien.[155] Wenn man/frau davon ausgeht, dass diese Frauen und Männer nach einem abgeschlossenen Studium mit ca. Mitte bis Ende 20 in die Arbeitswelt eintreten, dann sind sie im dritten Berufsjahr in der Lebensphase, in dem die Familienplanung zunehmend an Wichtigkeit gewinnt. Hier spalten sich dann die Wege in Bezug auf den beruflichen Werdegang. Traditionelle Geschlechterrollen setzten sich immer noch durch, und meistens sieht die Frau als Mutter es als ihre Aufgabe an, sich um die Kinder zu kümmern, und macht Abschläge in der Karriere. Damit soll nicht gesagt sein, dass sich jede Frau dazu gezwungen sieht, ihre Karriere an den Nagel zu hängen und sich um Kinder und Haushalt zu kümmern; das kann auch eine ganz bewusste Entscheidung und Prioritätensetzung sein und muss genauso akzeptiert und respektiert werden wie die Entscheidung, die Aufsicht der Kinder früh in andere Hände zu geben, um ins Berufsleben zurückzukehren. Martina Lackner (2017) wirft ihren Geschlechtsgenossinnen bezüglich Geld allerdings Naivität vor. Rein fürs Geld zu arbeiten sei unter Frauen nicht oder nur wenig akzeptiert. Die eigene Karriere könne nur aus Gründen der Selbstverwirklichung gerechtfertigt werden, nicht aus Geldgründen. Als Frau will man/frau nicht »Materialismus« vorgeworfen bekommen. Was dabei außer Acht gelassen wird, so Lackner, ist die Tatsache, dass Geld oder der Verdienst synonym für Status und Respekt steht. Das gilt sowohl innerhalb einer Beziehung als auch für die Außenwelt. Lackner zieht zur Veranschaulichung das Beispiel einer Freundin heran: Sie sieht ihre Existenz dadurch gesichert, dass sie ja auch durch ihren Teilzeitjob Rente bekommen wird, ihr Mann im Falle einer Scheidung Unterhalt zahlen muss und ihr ein Teil des Erlöses durch den Verkauf des Hauses ihrer Mutter zusteht. Zudem seien ihre Ansprüche nicht so hoch. Wenn Lackner dieses Beispiel aber grob durchrechnet, weist der Plan Lücken auf. Im besten Fall betrüge die Rente ca. 800 Euro, der Unterhalt im Falle einer Scheidung würde gegen null gehen, und der Ertrag durch den Hausverkauf würde sich auch eher gering halten, wenn man/frau bedenkt, dass ihr nur ein Teil davon zusteht. Der größte Denkfehler ist aber der, dass man/frau sich selbst abhängig macht. Geld bedeutet Macht – vor allem über das eigene Schicksal.[156] »[W]er kein Geld hat, muss sich [dem, der das Geld und demnach die Macht innerhalb der Beziehung besitzt] fügen.«[157]

Ich habe mich mit Annett-Katrin Wohlgemuth zusammengesetzt, um mit ihr über das Thema »Frauen und Geld« zu sprechen und neue Erkenntnisse zu erlangen. Annett-Katrin Wohlgemuth ist Direktorin bei der LBBW-Bank und hat das Projekt BeWoman ins Leben gerufen, das sich mit dem Thema »Frauen und Finanzierung« auseinandersetzt und für Aufklärung unter Frauen bezüglich Finanzierungsmöglichkeiten, vor allem auch im Alter, durch Beratungsangebote von Frauen für Frauen sorgen möchte. Sie hat mit mir einen kurzen Gang durch die Geschichte gemacht, um noch einmal aufzuarbeiten, wo diese naive Haltung von Frauen gegenüber Geld, die Martina Lackner beschreibt, herrührt. Wohlgemuth sieht den Ursprung eindeutig in tradierten Rollenbildern. Noch in den 1950er-Jahren benötigte die Frau die Genehmigung des Ehemannes für alles, was mit Geld zu tun hatte; er bestimmte über das Arbeitsverhältnis der Frau und über die Vermögensbildung. Als Frau nicht arbeiten gehen zu müssen, galt als

Statussymbol. »Ich kann es mir leisten, dass meine Frau nicht arbeiten muss«, ist ein Satz, den ich noch in den 1970er-Jahren oft gehört habe. Erst 1962 durften Frauen in der BRD ihre eigenen Konten unabhängig und ohne vorherige Zustimmung der Ehemänner eröffnen.

Die Eigenverantwortung von Frauen in Bezug auf Geld geht also (gerechnet ab Beginn der 2020er-Jahre) 60 Jahre zurück. Frauen sind nun schon länger an dem Punkt angekommen, wo sie eigene Konten führen können, es fehlt ihnen aber größtenteils an Wissen zu Finanzen und Vermögensbildung, das sie benötigen, um sich eine finanzielle Unabhängigkeit aufzubauen – kurzum, es mangelt an Beratung für Frauen. Früher wurden jegliche Gehälter von Frauen als eine Art Taschengeld angesehen. Vor allem in den 1980er-Jahren hat sich diese Wahrnehmung in der BRD noch weiter verfestigt und tradiert: »Meine Frau verdient sich ihr Taschengeld dazu.« Noch heute lässt sich diese Wahrnehmung teilweise bei den Gehältern der Frauen erkennen, auch wenn Frauen gleich viel oder sogar mehr verdienen als ihre Partner. Auf diese Entwicklungsgeschichte ist die weibliche Haltung gegenüber Geld zurückzuführen (»Das mit dem Geld, das macht mein Mann«). Es findet eine Abwertung der weiblichen Leistung statt, und über diese Abwertung entwickelt sich das Verständnis, dass man/frau »das bisschen Taschengeld« nicht anzulegen braucht und es stattdessen zum Ausgeben gedacht ist. So entwickelt sich bei Frauen ein komplett anderes Verhältnis zu Geld als bei Männern, die als Ernährer der Familie gelten. Auch wenn das so heute niemand mehr laut ausspricht, ist dieses Denken nach wie vor immer noch in den Köpfen. Wenn sich diese Haltung nicht ändert, dann wird sich auch beim Thema »Frauen und Geld« nichts ändern.

6.1 Die unbereinigte Gender Pay Gap

Bei der Gender Pay Gap wird zwischen der unbereinigten und der bereinigten Pay Gap unterschieden. Die unbereinigte Pay Gap beleuchtet die absoluten Bruttoverdienste von Frauen und Männern einer Gruppe, z. B. nach Alter, Branche oder Bundesland, im Verhältnis zueinander – also den allgemeinen Bruttoverdienst aller Arbeitnehmer*innen. Dabei finden die Faktoren, die zur Gender Pay Gap führen, wie z. B. Unterschiede in Berufswahl, Zugangsmöglichkeiten, Qualifikationen, Arbeitszeiten etc. keine Beachtung. Der durchschnittliche Bruttoverdienst von Frauen wird vom durchschnittlichen Bruttoverdienst der

Männer abgezogen und dann geteilt durch den durchschnittlichen Bruttoverdienst der Männer mal 100.[158]

∅ Bruttoverdienst ♂ − ∅ Bruttoverdienst ♀ : Bruttoverdienst ♂ x 100

6.2 Die bereinigte Gender Pay Gap

Bei der bereinigten Pay Gap wird ein Teil des Verdienstunterschieds aus der allgemeinen Gender Pay Gap herausgerechnet – und zwar der Teil, der auf strukturelle Unterschiede zwischen den Geschlechtergruppen zurückgeführt werden kann: unterschiedliche Berufswahl, Beschäftigungsumfang, Bildungsstand, geringer Frauenanteil auf der Führungsebene. Die bereinigte Pay Gap bemisst also den Verdienstabstand zwischen Frauen und Männern mit vergleichbaren Qualifikationen, Fähigkeiten und Erwerbsbiografien. Die Ergebnisse fallen dabei unterschiedlich aus. So betrug die unbereinigte Gender Pay Gap in Deutschland im Jahr 2020 18 % und die bereinigt 5,5 %.[159] Die Diskrepanz zwischen den beiden Pay Gaps ist aber kein Indikator dafür, dass ein Ergebnis richtiger ist als das andere; es bedeutet lediglich, dass bei der Rechnung unterschiedliche Faktoren miteinbezogen werden.

6.3 Die Gender Pay Gap: Ursachen, Statistik und Ländervergleiche

Die Gender Pay Gap beschreibt den Einkommensunterschied zwischen Männern und Frauen. Es gilt dabei zu beachten, dass die Gender Pay Gap nur solches Einkommen in die Berechnungen miteinbezieht, das aus Erwerbstätigkeiten erzielt wird. Es handelt sich dabei also nur um Einkünfte aus Angestelltenverhältnissen. Einnahmen aus anderen Quellen wie z. B. Mieteinnahmen oder aus einer eigenständigen Tätigkeit werden nicht beachtet. Die Gender Pay Gap ist außerdem ein Teilbereich der allgemeinen Gender Gap. Die Gender Gap setzt sich aus vier Teilbereichen zusammen, es sind:

1. wirtschaftliche/ökonomische Teilhabe und Chancen;
2. Bildungserrungenschaft;
3. Gesundheit und Lebenserwartung;
4. politische Teilhabe und Mitwirkung.

Wir wollen uns hier anhand des Global Gender Gap Reports 2020 einen Überblick über alle vier Teilbereiche verschaffen, der Fokus soll aber auf der Gender Pay Gap liegen. Seit 2006 wird der Gender Gap Report vom Weltwirtschaftsforum alle vier Jahre veröffentlicht und umfasste 2020 153 Länder. 107 davon werden seit seinem ersten Erscheinen 2006 regelmäßig miteinbezogen. Ob ein Land mit in den Report aufgenommen wird, hängt davon ab, zu wie vielen sozialen Indikatoren Daten aus diesem Land erhoben werden können. Insgesamt werden 14 soziale Indikatoren bei der Berechnung des Gender Gap Index miteinbezogen – mindestens zu zwölf davon müssen Daten erhoben werden können. Das Hauptziel des Reports ist es, Fortschritte, aber auch Rückschritte allgemein sowie nach Regionen und Ländern festzuhalten, damit sie von den einzelnen Ländern verfolgt werden und mit ihrer Hilfe Ziele dafür gesetzt werden können, die Lücken nach und nach zu schließen.

Der Report ist so aufgebaut, dass er in Prozent angibt, wie viele der Lücken bereits überbrückt bzw. geschlossen wurden. Für die allgemeine Gleichheit der Geschlechter wurden bis jetzt 68,6 % erreicht. Stellen Sie sich ein Glas vor, das wir zu 100 % befüllen wollen – bis jetzt wurde das Glas zu 68,6 % befüllt; die allgemeine Global Gender Gap beträgt also noch 31,4 %. Die mit Abstand größte Gender Gap ist die der politischen Teilhabe und Mitwirkung; nur 24,7 % dieser Lücke wurden bis 2020 überbrückt. Ein Großteil der Länder, die bereits seit Jahren Teil des Reports sind, konnten ihren Score in dieser Kategorie zwar erhöhen, aber die Anzahl an Ministerinnen und Parlamentssitze, die von Frauen besetzt werden, beträgt trotzdem nur zwischen 20 und 25 %, und in einigen der aufgelisteten Länder geht die Repräsentation von Frauen in der Politik und im Parlament sogar gegen null. In den Kategorien »Bildungserrungenschaft«, »Gesundheit« und »Lebenserwartung« dagegen wurden die Gender Gaps mit 95 bis 96 % fast gänzlich geschlossen. In ca. 40 Ländern wurde diese Gap bereits komplett geschlossen, vor allem aber in Entwicklungsländern bedarf es noch an Arbeit, denn dort müssen oft wegen hoher Zahlen an Analphabet*innen noch 20 % dieser Gap überbrückt werden. Das betrifft junge Mädchen häufiger als Jungen; die niedrige Bildungsrate ist aber auch ein allgemeines Problem in diesen Regionen. Genau zwischen diesen beiden Gaps liegt die Kategorie der wirtschaftlichen/ökonomischen Teilhabe und Chancen mit einem Stand von 57,8 % – die Gender Pay Gap ist Teil dieser Kategorie. Nicht nur weist diese Kategorie die zweitgrößte Gap nach politischer Teilhabe und Mitwirkung auf, im Vergleich zum Vorjahr konnte auch ein Rückgang beobachtet werden.[160] Könnte das eventuell mit der Corona-Pandemie zusammenhängen?

Die Gap betreffend, ergibt sich die wirtschaftliche/ökonomische Teilhabe von Frauen daraus, dass global nur rund die Hälfte aller Frauen einen Teil des Arbeitsmarkts bilden, während es bei den Männern 75 % sind. Und nur 36 % der Führungspositionen weltweit werden von Frauen besetzt. Wenn nur die Hälfte der Frauen weltweit überhaupt arbeiten und nur ein geringer Teil dieser Frauen Führungspositionen innehat, dann ergibt sich daraus eine globale Gender Pay Gap von 40 %.

Schauen wir uns an, welche Faktoren zur Gender Pay Gap führen. Zum einen resultiert die Gap in der Kategorie Bildungserrungenschaft darin, dass die Fähigkeiten von Mädchen und Frauen nicht mit den Anforderungen aus zukunftsfähigen Berufsfeldern übereinstimmen, aber auch in Ländern und Regionen, in welchen die Bildungs-Gap bereits geschlossen wurde, kann es für Mädchen und Frauen zum Nachteil werden, wenn sie in bestimmten, als frauenuntypisch wahrgenommenen Feldern wie z. B. Technik nicht genügend Unterstützung erhalten und nur mangelhaft gefördert werden. Die Folgen lassen sich daran ablesen, dass Frauen in den sechs Bereichen mit dem höchsten Beschäftigungswachstum stark unterrepräsentiert sind. Ein anderer Grund für die Gender Pay Gap ist, dass Stellen in solchen Branchen, in welchen der Gewinn allgemein vergleichsweise niedriger ausfällt, zum Großteil mit Frauen besetzt sind.[161] Ein konkretes Beispiel aus dem Kulturbereich ist das Lektorat. Walter Hömberg führte dazu 2010 eine sehr repräsentative Studie durch und stellte fest, dass über die Hälfte (64 %) im Lektorat Frauen sind. Dies lasse sich auch auf andere Medienbereiche übertragen, und die Tendenz sei steigend.[162] Die Studie liegt nun (bezogen auf 2021) bereits über zehn Jahre zurück, und wenn Hömberg mit seiner Vermutung richtig lag, sollte der Frauenanteil im Lektorat und in anderen Medienbranchen nun noch höher liegen.

Häufig finden sich Frauen aber auch in Positionen wieder, für die sie überqualifiziert sind. Das lässt sich auf Gründe zurückführen, die bereits in Abschnitt 5.3 besprochen wurden: Wenn das Thema »Familie« mit ins Spiel kommt, neigen nach wie vor Frauen eher als Männer dazu, ihre berufliche Karriere zu opfern, reduzieren ihre Stunden, gehen in Teilzeit oder wechseln vielleicht den Arbeitsplatz, um flexibler zu sein. In Teilzeit zu arbeiten bedeutet eine geringere Anzahl an Stunden und folglich auch weniger Geld. Teilzeit ist daher ein wichtiger Aspekt bei der Gender Pay Gap. Zu Beginn des Kapitels wurde bereits festgelegt, dass die Gender Pay Gap nur Einkommen aus Angestelltenverhältnissen mit einbezieht. Einkünfte aus selbstständigen Tätigkeiten oder aus anderer Quelle finden demnach keine Beachtung. Es ist wichtig, dies zu beachten, weil Einnahmen von Entrepreneuren, aus Investments oder allgemein Einkünfte aus Nichtangestelltenverhältnissen in der Regel höher sind als Angestelltengehälter, und es gibt weitaus weniger weibliche Entrepreneure und Investoren sowie weniger selbstständige Frauen; die Einkommens-Gap, die all diese Faktoren mit einbezieht, wäre also noch einmal deutlich größer als die Pay Gap. Alle diese Faktoren tragen zur allgemeinen Gender Pay Gap bei.[163]

Was aber, wenn eine Frau, die genau die gleichen Fähigkeiten mitbringt wie ihr männliches Gegenüber, eine identische Position innehat, diese Stelle nicht in Teilzeit besetzt – kurzum, was, wenn alle Faktoren identisch sind? Wie kann es dann sein, dass die Frauen trotzdem weniger Gehalt bekommen? Dann ist das offene Gender-Benachteiligung. Frauen werden systematisch schlechter bezahlt, einfach weil Unternehmen damit davonkommen, ohne wirkliche Konsequenzen fürchten zu müssen, und weil die Ansicht vorherrscht, ihre Arbeit sei weniger wertvoll – und zwar nicht unbedingt, weil ihre Arbeit als Frau weniger wert ist, sondern weil die Tätigkeiten, die sie ausüben, weniger Ansehen genießen, wie etwa der Personalbereich oder die Medienbranche, wie bereits am Beispiel des Lektorats festgemacht wurde.

Im Jahr 2016 betrug die unbereinigte Gender Pay Gap 22 %. Die bereinigte Pay Gap zwischen Frauen und Männern betrug immer noch 7 %.[164] Diese Zahlen liegen nun zwar (von 2021 aus gesehen) schon fünf Jahre zurück, allerdings hat sich an den Zahlen bis heute nicht viel geändert. Der Fortschritt in der Gender Pay Gap steht seit Jahren still, macht in manchen Jahren sogar Rückschritte. So wird es auch im Global Gender Gap Report 2020 aufgezeigt. Die Gehaltsunterschiede beginnen oft bereits beim Einstieg ins Berufsleben. Laut der amerikanischen Beratungsfirma McKinsey & Company beginnt die Gender Pay Gap direkt nach dem Studium; sie veröffentlichte Daten darüber, dass Absolventinnen nach ihrem Studium 11 500 Euro weniger Jahresgehalt fordern als ihre männlichen Kollegen.[165] Ein Artikel der *Süddeutschen Zeitung* Anfang des Jahres 2020 stellt sogar die Behauptung auf, dass die Pay Gap ihren Ursprung noch viel früher hat; nämlich bereits im Kindesalter beim Taschengeld. Mehrere Umfragen über die Jahre hinweg haben gezeigt, dass Mädchen durchschnittlich weniger Taschengeld bekommen als Jungen. Im Jahr 2017 waren es 1,71 Euro, im Jahr 2019 noch 0,11 Euro.[166] Eine andere Untersuchung, auf die sich Edding in ihrer Arbeit stützt, kam aber zum Ergebnis, »dass sich [die] Bezahlung [...] von Männern und Frauen [erst] ab dem dritten Berufsjahr deutlich unterscheidet«[167] und zeigt auf, dass Gehaltserhöhungen ebenfalls ein wichtiger Aspekt bei der Gender Pay Gap darstellen. Obwohl es Frauen deutlich schwerer fällt, Gehaltserhöhungen zu fordern, tun sie das nicht minder häufig als ihre männlichen Kollegen. Der Unterschied liegt darin, dass Frauen mit ihren Forderungen in den meisten Fällen weniger Erfolg haben als Männer, und sollten Frauen in ihren Forderungen erfolgreich sein, dann fällt die Gehaltserhöhung meist niedriger aus als bei den Männern, denn[168] »Frauen verhandeln nicht gern«[169]. Misserfolge führen dazu, dass Frauen sich selbst verantwortlich machen; wenn sie erfolglos sind, dann muss das wohl an ihnen liegen, und sie entwickeln Selbstzweifel: War meine Forderung unberechtigt? War ich zu forsch? Habe ich zu viel verlangt?

Wir sehen also, dass viele verschiedene, systemische Gründe zur Gender Pay Gap beitragen. Nun möchte ich aber noch einmal auf das Kernproblem und den größten Beiträger zur Pay Gap zurückkommen: Unbezahlte und unsichtbare Arbeit, die aus der Wahrnehmung resultiert, dass Frauen die primären Betreuungspersonen sein sollen und sind – diese Tatsache zieht sich bereits seit Kapitel 5 durch den Text, und es wird deutlich, in wie vielen Aspekten dieser Faktor eingreift. »Gleiche Bezahlung für gleiche Arbeit«, diese Aussage führt oft den Kampf gegen die Gender Pay Gap an. Sie vermittelt den Eindruck, dass die Gap ausschließlich deshalb besteht, weil Frauen weniger Bezahlung als Männer bei identischen Tätigkeiten erhalten. Es wurde bereits deutlich gemacht, dass es eine Reihe von Gründen gibt und dass die diskriminierende Tatsache, dass Frauen geringeres Gehalt für gleiche Tätigkeit bekommen, nur einen kleinen Teil der Pay Gap ausmacht. In der Vergangenheit wurde die Gender Pay Gap gerechtfertigt durch eine Bildungslücke zwischen Männern und Frauen,[170] sogenannte feminine Berufe, die schlechter bezahlt werden,[171] legale Diskriminierung, Karrieren waren für Männer, Frauen durften lediglich Geld dazuverdienen, Stereotypen wie z. B., dass Frauen weniger intelligent seien.

Aber die größte Rechtfertigung, die sich bis heute hält, ist die Tatsache, dass Frauen Kinder bekommen und sie demnach auch großziehen. Eine Umfrage[172] lieferte das Ergebnis, dass über 50 % der Teilnehmenden der Meinung sind, dass Frauen, die kleine Kinder haben, nicht Vollzeit arbeiten sollten. Frauen, die Vollzeit arbeiten, verbringen ca. neun Stunden mehr Zeit als ihre Partner damit, sich um Kinder und Haushalt zu kümmern. Hochgerechnet auf ein Jahr, sind das drei Monate, die Frauen unbezahlt für einen zweiten Vollzeitjob aufbringen. Das wird während der »gebärfähigen Jahre« zwischen den späten 20ern und der frühen 30ern relevant. Bis zu diesem Punkt starten Männer und Frauen unter gleichen Bedingungen ins Berufsleben. Wenn die Familienplanung dann zum Thema wird, fangen die Diskrepanzen an; das stimmt mit der österreichischen Studie aus Eddings Arbeit überein. Die Familiengründung verlangt in der sozialen Wahrnehmung danach, dass ein Elternteil zu Hause bei den Kindern bleibt und sich selbst um sie kümmert, statt die Erziehung einer dritten Person zu überlassen. Wie bereits mehrfach festgestellt wurde, sind das meistens die Mütter. Die Mutter bleibt also entweder ganz zu Hause oder reduziert Stunden und Verantwortungsbereich. Das bedeutet, dass sie Geschäftsreisen und Projekte ablehnen muss, während er, der Mann, mehr Spielräume erhält, um gegebenenfalls die Karriereleiter hinaufzusteigen. Ehe man/frau sich's versieht, ist man/frau mehrere Jahre aus dem aktiven Berufsleben raus, und das beeinflusst massiv das Gehalt. So wird die Behauptung aufgestellt, dass die Gender Pay Gap weniger ein Problem zwischen Männern und Frauen ist, sondern eher zwischen Müttern und dem Rest des Arbeitsmarkts. Wahrnehmung und Tradition sind primär dafür verantwortlich, dass es so schwer und scheinbar unmöglich ist, diese Lücke zu schließen.

In Ruanda bestand die Bevölkerung nach dem Genozid 1994 aus 60 bis 70 % Frauen, was dann Veränderung bewirkte. Es wurde aggressive Politik als Überlebensstrategie betrieben, damit Frauen in Massen in die Arbeitswelt und in die Politik aufgenommen werden konnten – und zwar in allen Bereichen und auf allen Ebenen. Heute werden 61 % der Parlamentssitze von Frauen besetzt – der höchste Frauenanteil in der Politik weltweit. 1980 wurde in Island die erste Frau zur Präsidentin gewählt. Island hält sich mit 88 % der bereits geschlossenen Gender Gap seit mehreren Jahren in Folge auf Platz eins des Global Gender Gap Report. Die Lücken »Bildungserrungenschaft« sowie »Gesundheit« hat Island bereits zur Gänze geschlossen, zählt außerdem mit 40 % Frauen in der Regierung zu den oberen Rängen in der Gap betreffend politische Mitwirkung und weist den zweitbesten Wert bei wirtschaftlicher und ökonomischer Teilhabe auf – Tendenz steigend und mit 40 % der leitenden Positionen durch Frauen besetzt. Vigdís Finnbogadóttirs Wahlsieg 1980 folgte eine Reihe weiblicher Politikerinnen, die Sitze im Parlament einnahmen. Der hohe Frauenanteil in der Politik führte zu Regelungen über bezahlten Mutterschutzurlaub und Wiedereinstieg in den Beruf, die es Frauen einfacher machen sollten, trotz Familie auch weiterhin Karriere zu machen. Allerdings bewirkte das eher das Gegenteil. Da Mütter von bezahltem Mutterschutzurlaub profitierten, war das Ergebnis, dass Mütter verstärkt zu Hause bei den Kindern blieben und aus dem Berufsleben ausschieden, während ihre Partner Karriere machten. Im Jahr 2000 wurde dagegen vorgegangen, indem bezahlter Vaterschaftsurlaub verpflichtend eingeführt wurde. Diese gesetzliche Regelung hatte einen kulturellen Wandel zur Folge, sowohl in den eigenen vier Wänden als auch in der Arbeitswelt. Das Stigma, dass man/frau bei der Einstellung einer jungen Frau damit rechnen muss, dass sie bald wegen Mutterschaftsurlaub ausfällt, ist somit beseitigt, denn auch von Männern wird verlangt, dass sie eine Zeit lang zu Hause bleiben. Unternehmen werden stattdessen dazu animiert, einen reibungslosen Wiedereinstieg einfacher zu gestalten. Was lässt sich daraus schließen? Solange die Pflege und Kinderbetreuung ein »Frauenproblem« bleibt, wird das Stereotyp der Hausfrau und Mutter weiterhin bestehen bleiben und die Schließung der Pay Gap unmöglich machen.[173]

Deutschland hat es mit 78,7 % Überbrückung der Gaps im Global Gender Gap Report 2020 seit 2007 zum ersten Mal zurück in die Top Ten geschafft. Dieses Ranking ist hauptsächlich auf die steigende politische Mitwirkung zurückzuführen. 40 % der Minister*innen sind Frauen, der Anteil weiblicher Sitze im Parlament bleibt aber relativ konstant bei 30,9 %. Die höhere Wertung in der Kategorie »politische Teilhabe« hat ihren Auftrieb hauptsächlich der langjährigen Amtszeit von Angela Merkel als Frau an der Regierungsspitze zu verdanken. In den anderen Kategorien lässt sich allerdings keine oder nur eine sehr geringe Veränderung beobachten. Nach wie vor ein großes Handlungsfeld ist vor allem die mangelnde Präsenz von Frauen auf Managementebene und in Vorständen; dort trifft man/frau derzeit nur zwischen 29 und 31 % Frauen an – fast 60 % gilt es hier noch zu überbrücken. Das Weltwirtschaftsforum sieht die nächsten Schritte für Deutschland darin, für alle ein gleiches und faires[174] »Spielfeld«[175] am Arbeitsplatz zu schaffen.

Was sich allgemein aus dem Report 2020 erschließen lässt, ist, dass weltweit dringender Handlungsbedarf besteht. Nach Schätzungen des Weltwirtschaftsforums brauchten wir bei gleichbleibendem Tempo satte 99 Jahre, um Gender Gaps weltweit zu schließen – und das ist nur eine grobe Rechnung; je nach Kategorie und Region kann das sogar über 200 Jahre dauern, und das ist absolut inakzeptabel. Geschlechterungleichheit wirkt sich auf alle Lebensbereiche aus, und Ziele, die wir uns z. B. bezüglich Nachhaltigkeit über Landesgrenzen hinweg gesetzt haben, können nur erreicht werden, wenn wir Talente aus beiden Bevölkerungshälften gleichermaßen einbeziehen. Unternehmen und Regierung müssen zusammen an einem Strang ziehen, um einen Wandel zu beschleunigen und neue ökonomische sowie soziale Narrative zu schaffen. Unternehmen müssen ihre Aufgabe darin sehen, allen Bevölkerungsschichten Chancengleichheit zu ermöglichen und in Talente zu investieren bzw. sie zu fördern. Gleichzeitig müssen von der Regierung Regelungen und Gesetze verabschiedet werden, die für Integration und Talententwicklung sorgen und Familien und Betreuungspersonen unterstützen.[176] Konsequente Politik in Richtung gleiche Teilhabe führt kulturellen Wandel herbei; das konnte man/frau an den Beispielen Ruanda und Island beobachten.

6.4 Das Steuerrecht

Generell gilt in Deutschland das Prinzip der Individualbesteuerung. Das heißt, dass die steuerliche Leistungsfähigkeit, die sich nach der Höhe des Einkommens richtet, individuell bestimmt wird. Aber durch Ehe verbundene Personen haben die Möglichkeit, von der sogenannten Zusammenveranlagung, dem »Ehegattensplitting«, Gebrauch zu machen und gemeinsam als eine steuerpflichtige Person behandelt werden. In diesem Fall orientiert sich die Besteuerung am gemeinsamen Haushaltseinkommen. Die Einkünfte beider Eheleute werden summiert und die Steuer anhand eines großen gemeinsamen Einkommens berechnet. Zusätzlich werden absetzbare Einkommen ebenfalls auf beide Personen berechnet, und die Beträge werden so verdoppelt. Das gilt auch, wenn nur einer der beiden Eheleute erwerbstätig ist und ein Einkommen hat. Sprachlich und generell bezieht sich das Steuerrecht gleichermaßen auf Frauen und Männer, und gilt als geschlechtsneutral; bei genauerer Betrachtung und bei Anwendung auf reale Situationen und Gegebenheiten hat die Besteuerung je nach

Geschlecht aber unterschiedliche Auswirkungen – meistens zum Nachteil von Frauen. Das Einkommensteuerrecht setzt bestimmte Lebenssituationen voraus, die der Realität vieler Frauen aufgrund von Erwerbsmustern und geschlechtsbezogener Einkommensdifferenzen gar nicht entsprechen. Es nimmt gesellschaftliche Normvorstellungen von klassischer Arbeits- und Lebensweise als Leitbild, und diese Normvorstellungen orientieren sich an männlichen Erwerbsmustern. Die Normalarbeitnehmer*in nach dem Leitbild des Steuerrechts ist ununterbrochen und sozialversicherungspflichtig in Vollzeit erwerbstätig. Der Steuertarif des Ehegattensplittings besteuert Eheleute so, als ob jede*r die Hälfte des gesamten Haushaltseinkommens verdiente, und sorgt für einen[177] »fiktive[n] Transfer steuerlicher Leistungsfähigkeit«[178]. Das führt zu einem finanziellen steuerlichen Vorteil; allerdings nur bei unterschiedlichem Verdienst und lohnt sich vor allem dann, wenn nur eine Person überhaupt über ein Einkommen verfügt, weil das dann logischerweise dazu führt, dass die Einkommensdifferenz zwischen den Eheleuten am höchsten ist. Wenn aber ein zweites Einkommen dazukommt, dann verringert sich die Steuerentlastung durch das Ehegattensplitting enorm. Wenn das gemeinsame Haushaltseinkommen bereits hoch genug ist, dass man/frau finanziell auf ein zweites Einkommen verzichten könnte, dann wirft das innerhalb der Ehe die Frage auf, ob es sich angesichts der finanziellen Vorteile durch das Steuerrecht überhaupt lohnen würde, eine zweite Erwerbstätigkeit aufzunehmen. Es sei angemerkt, dass eine geringfügige Beschäftigung als zweite Erwerbstätigkeit den Steuervorteil durch das Splitting nicht oder nur geringfügig beeinträchtigen würde. Der steuerliche finanzielle Vorteil durch Ehegattensplitting ist also eng mit einem Anreiz zum Verzicht auf eine zweite Erwerbstätigkeit verknüpft. Aufgrund gesellschaftlicher Strukturen und der Diskrepanz zwischen den Gehältern von Männern und Frauen, die das Resultat dieser Strukturen und anderen Faktoren sind, sind es in den meisten Fällen Frauen, die ihre Erwerbstätigkeit mindern, eingrenzen oder ganz aufgeben. Vor allem dann, wenn zusätzlich noch Kinder oder andere familiäre Pflegeaufgaben Teil der Entscheidung sind.[179]

So betrachtet, bietet die Zusammenveranlagung und die Besteuerung des gemeinsamen Haushaltseinkommens negative Anreize für die Erwerbstätigkeit von Frauen.[180] Grundlage dieser Art der Besteuerung von Eheleuten ist die Annahme, dass innerhalb der Ehe Einkommen und Vermögen beider Partner*innen zusammengelegt und gleichmäßig verteilt werden:[181] »Fiktion der ›intakten‹ Durchschnittsehe«,[182] in der nicht von Bedeutung ist, wer das Geld verdient, und in der beiden Eheleuten das gemeinsame Einkommen wechselseitig und gleichermaßen zur Verfügung steht. Die Praxis sieht aber anders aus. Eine gemeinsame Verwaltung der finanziellen Ressourcen ist vor allem in solchen Haushalten üblich, in denen das Einkommen generell gering ist und alle Beteiligten über ein geringes Einkommen verfügen. In solchen Haushalten, in denen beide Eheleute ein höheres Einkommen verdienen, ist es üblich, dass jede*r weitestgehend frei über sein eigenes Einkommen verfügt. Hauptsächlich fördert das Steuerrecht des Ehegattensplittings aber unausgeglichene Machtverhältnisse innerhalb der Ehe und schränkt die Entscheidungsmöglichkeiten von Frauen (da sie meistens diejenigen sind, die weniger verdienen) innerhalb der Ehe erheblich ein, denn der- oder diejenige, der/die mehr zum gemeinsamen Einkommen beiträgt, also mehr verdient, hat in der Regel auch mehr Einfluss darauf, wie die gemeinsamen Finanzen verwaltet werden.

Was das Steuergesetz bei der Bestimmung der Leistungsfähigkeit vollkommen außer Acht lässt oder dem nur geringe Beachtung entgegengebracht wird, ist die unbezahlte Arbeit, die immer noch größtenteils von Frauen erbracht wird. Studien hierzu können noch einmal unter Abschnitt 5.3 nachgelesen werden. In Deutschland wird nur finanzielles Einkommen versteuert, was die komplette Vernachlässigung von Wertschöpfungen im privaten Raum, wie z. B. Kinderbetreuung, Pflege, ehrenamtliche Tätigkeiten und soziale Hilfsleistungen, beinhaltet. Sie werden als nicht ausreichend zur Besteuerung erachtet oder könnten nur durch zu hohen Verwaltungsaufwand versteuert werden.[183]

6.5 Wie viel bin ich wert?

Die Selbsteinschätzung und die Bewertung des Selbst, genauer gesagt: die positive Selbsteinschätzung und Selbstbewertung, sind für die meisten Frauen besonders schwierig. Selbstzweifel wurden in diesem Kapitel bereits bei Forderungen nach Gehaltserhöhungen angesprochen, sie bildeten aber auch ein Kernthema in Kapitel 2 im Zusammenhang mit der Heldinnenreise. Um noch einmal kurz die essenziellen Punkte zusammenzufassen: Die Heldinnenreise beginnt mit der Lossagung vom Weiblichen, das assoziiert wird mit Schwäche.

6 Frauen und Geld

Um Erfolg zu haben, muss die Frau sich von ihren Geschlechtsgenossinnen abheben, muss besser sein als die anderen, muss alles immer noch ein bisschen besser machen, um an die Spitze zu gelangen; und immer zweifelnd, ob das gut genug ist, und sich fragend, ob nicht noch mehr geht. Dieses defensive Verhalten steht in direktem Gegensatz zur männlichen Einstellung im Arbeitsumfeld, das viel mehr »Ich kann das«, »Ich bin hier, und ich mache das« involviert. Schon bei Bewerbungen trauen sich Frauen oft nicht, sich überhaupt auf eine Stelle zu bewerben, wenn sie nicht jedes einzelne Kriterium oder jede einzelne Qualifikation, das oder die in der Stellenausschreibung aufgelistet wird, erfüllen. Sie sind bei der Auslegung der Anforderungen viel strenger mit sich selbst als Männer. Ganz im Gegenteil bewerben sich Frauen häufig auf Stellen, für die sie eigentlich überqualifiziert sind – das geht aus einer Studie des Kompetenzzentrum Fachkräftesicherung hervor. Männer sind deutlich offensiver, wenn es darum geht, sich auf Arbeitserfahrung aus vergangenen Tätigkeiten zu berufen, auch wenn es dafür keinen direkten Nachweis gibt, z. B. Zeugnisse.[184] Geringes Selbstvertrauen und sich selbst als schlechter einzuschätzen, als sie sind, sind also Faktoren, die dazu beitragen, dass Frauen sich zu oft unter Wert verkaufen. Zudem gibt es aber noch eine andere Hemmschwelle; die eigene Leistung in Geld zu bewerten ist für Frauen noch einmal etwas ganz anderes. Je nach Berufsfeld muss man/frau anders über das Gehalt verhandeln. Im Bereich Coaching und Beratung wird in Tagessätzen verhandelt. Diese Art der Gehaltsverhandlung kann besonders für Frauen unangenehm sein, wenn darüber gesprochen wird, wie viel man/frau pro Tag kostet. Es passiert schnell, dass man/frau sich mit Prostituierten vergleicht und dann noch mehr Hemmungen bei Verhandlungen hat. Wenn dann noch hinzukommt, dass versucht wird, den Wert herunterzuhandeln, dann wirkt sich das aufs Selbstwertgefühl aus und führt zu ganz abstrakten Vergleichen mit Prostitution. Eigentlich muss ganz klar zwischen Person und Leistung differenziert werden; nicht die Person selbst, sondern ihre Leistung wird entgeltlich bewertet.

Wir haben bereits darüber gesprochen, dass es unter Frauen anscheinend nicht gut angesehen wird, Dinge für Geld zu tun. Es soll eher um die Selbstverwirklichung als um die entgeltliche Entlohnung gehen – das kam auch beim Gespräch mit Annett-Katrin Wohlgemuth noch einmal auf. Diese Einstellung steht auch bei Gehaltsverhandlungen im Weg: »Es macht mir ja Spaß, deshalb verlange ich nicht mehr Geld.« Die persönliche Selbstverwirklichung wird von Frauen als ausreichende Anerkennung für die eigene Leistung wahrgenommen, während Männer immer zweigleisig fahren und die Frage nach »Was bekomme ich dafür?« genauso wichtig, wenn nicht sogar von mehr Bedeutung ist als Selbstverwirklichung – sie sind ja die Brotverdiener der Familie. »Sind Sie das denn wert?« und ähnlichen Fragen müssen sich Frauen stellen, wenn sie höheres Gehalt verlangen. So erzählt Annett-Katrin Wohlgemuth auch aus eigener Erfahrung und zieht Rückschlüsse auf die Taschengeldeinstellung gegenüber dem Gehalt von Frauen. Frauen machen den Job ja, weil er ihnen Spaß macht und weil sie sich ein bisschen was dazuverdienen wollen. Eine Bewusstseins- und Haltungsänderung sind dringend notwendig, damit sie sich von dieser Einstellung ein für alle Mal lösen. Natürlich sind die Leistungen von Frauen höheres Gehalt wert; auch sie müssen Familien ernähren, und ihr Verdienst ist nicht nur »Taschengeld«!

6.6 Gender-Finanzierungs-Gap statt nur Gender Pay Gap?

Im vorigen Kapitel hat sich bereits gezeigt, dass wir eigentlich von einer Gender-Finanzierungs-Gap sprechen müssen und nicht nur von einer Gender Pay Gap, denn das Thema »Geld« beginnt und endet nicht mit dem Einstieg in das bzw. mit dem Ausstieg aus dem Berufsleben. Man/frau kann acht Stationen im Laufe des Lebens aufzählen, von Geburt bis Rente, in denen sich eine Diskrepanz zwischen Männern und Frauen bezüglich des Geldes erkennen lässt. Es fängt an bei Geldgeschenken zur Geburt oder bei Geburtstagen; hier bekommen Mädchen im Umfang weniger als Jungen. Dieses Muster schreibt sich beim Taschengeld fort; hier bekommen Mädchen im Durchschnitt 17 % weniger als Jungen. Beim Berufseinstieg liegt die Diskrepanz bei 6 %, auch bei gleicher Berufswahl. Die Schere zwischen Männern und Frauen öffnet sich weiter, und die durchschnittliche Pay Gap betrug in den letzten Jahren zwischen 18 und 20 %. Mit ca. 35 Jahren »geht die Schere richtig auf«,[185] weil hier vor allem auch die Teilzeitbeschäftigungsverhältnisse mit einfließen, die besonders bei Frauen aus Gründen der Flexibilität und Familienplanung zunehmen. Danach baut sich die Diskrepanz weiter durch Geldanlagen aus. Wohlgemuth berichtet aus Erfahrung, dass Frauen eher dazu tendieren, Geld in Sparbüchern anzulegen, allerdings liegt die Verzinsung von Sparbüchern (2021) bei null oder sogar im negativen Bereich. Der Aktienmarkt hingegen hat in den letzten Jahren große Sprünge gemacht, aber Frauen investieren nur selten in Aktien. Somit geht die Vermögensschere weiter auseinander. Bei Beförderung in Vorstände liegt der Gehaltsunterschied dann sogar zwischen 25 und 30 %. Der andauernde Vermögensunterschied zwischen Männern und Frauen, der mit zunehmendem Alter immer weiter auseinanderdriftet, erreicht in der Rente seinen Höhepunkt mit einer Differenz von 50 % und ist das Resultat von unterschiedlichen Gehältern und unterschiedlichen bzw. nicht existenten Geldanlagen und Investitionen. Bei gleichem Gehalt und wenn mehr Frauen in Aktien investieren würden, würde sich die Schere zwischen weiblichem und männlichem Vermögen deutlich schließen, meint Wohlgemuth. Außerdem sei die Performance weiblicher Aktienanlagen und Unternehmungen, wie z. B. Start-ups, sogar etwas erfolgreicher als die der Männer. Das liege vor allem daran, dass Frauen nicht so viel umschichten und konsequenter seien, was ihre Anlagen betrifft; des Weiteren würden Frauen nicht so hohe Risiken eingehen. Man/frau kann also schlussfolgern, dass das Risikobewusstsein bei Frauen deutlich ausgeprägter ist als bei Männern.

Was können oder was müssen wir nun tun, um diese große Geldlücke zwischen Männern und Frauen zu schließen? Bildung, vor allem die Finanzbildung, ist ein zentrales Handlungsfeld. Neben der *unconscious bias*[186], die es zu überwinden gilt, sollen Frauen Beratung von anderen Frauen erhalten: Wie verhandle ich am besten über Gehalt? Welche Möglichkeiten gibt es, Geld anzulegen und zu investieren, und welches sind die damit verbundenen Risiken? Durch Wissen entsteht Selbstbewusstsein, die Unterschiede verkleinern sich und verschwinden schließlich. Einige Banken bieten Beratung von Frauen für Frauen an und setzen bereits bei den 14- bis 17-Jährigen in der Schule an, um über Geldangelegenheiten aufzuklären, damit Unwissenheit sowie Unsicherheit später gar nicht erst zum Problem werden. Es werden Workshops zu verschiedenen Finanzthemen angeboten, die ein breites Spektrum abdecken: Einnahmen- und Ausgabenkontrolle, Anlagen und Vermögensbildung, Gehaltsverhandlungen führen, Wohnungen mieten oder kaufen, Handyverträge abschließen, Versicherungen und Nachhaltigkeit. Ansatzpunkt für Veränderung neben Bildung ist, das weibliche Unternehmertum auszuweiten. Wenn Frauen Vermögen aufbauen, dann gelangt es in den Kreislauf, weil Frauen mit Anlagen in weibliche Unternehmen und, z. B. Start-ups, investieren. Ein

Anstieg in der Zahl an Unternehmerinnen erhöht auch die Zahl an weiblichen Vorbildern, die für die Sichtbarkeit und Unterstützung von Frauen untereinander besonders wichtig sind. Es braucht Vorreiterinnen, die zeigen, dass es möglich ist und denen weitere folgen, denn »If you can see it, you can be it.« Verbreitet werden sollen außerdem Teilzeitangebote auf der Führungsebene. Teilzeitbeschäftigungsverhältnisse waren bereits im Verlauf dieses Kapitels Thema, allerdings als Mitverursacher der Gender Pay Gap – wie sollen sie also helfen, die Gender-Finanzierungs-Gap zu überbrücken? Langfristige Teilzeitbeschäftigungsverhältnisse sind das, was sich am Ende negativ auf den Vermögensaufbau und auch auf die Rente auswirken. Teilzeitbeschäftigungen von 40 bis 60 % über eine lange Zeit von z. B. 20 Jahren hinweg verursachen große Diskrepanzen bei Gehalt und Vermögen zwischen den Geschlechtern. Wenn aber die Möglichkeit besteht, zu z. B. 80 % in Teilzeit zu arbeiten, auch auf Führungsebene, kann das für einen reibungslosen Übergang zurück ins Berufsleben nach der Familiengründung sorgen. Nicht selten passiert es, dass vielversprechende Führungskarrieren nach dem ersten Kind im Sand verlaufen und abgebrochen werden, weil es an Flexibilität mangelt. Wichtig ist, dass nur über einen begrenzten Zeitraum hinweg in Teilzeit gearbeitet wird und sich daraus kein langfristiges Teilzeitverhältnis entwickelt und Teilzeit nur dazu genutzt wird, den Flow aufrechtzuerhalten, damit nicht aus dem Berufsleben ausgeschieden wird.

Die Forderung für die Zukunft lautet also: mehr Finanzbildung für Frauen, Dinge selbst in die Hand nehmen, sich gegenseitig unterstützen und vernetzen; bildet *old girls' clubs* als Antwort auf die *old boys' clubs!* Und verlegt den Fokus von reiner Förderung auf Beförderung von Frauen – weniger Fokus auf das, was alles schlecht läuft, aufhören mit dem Bemitleiden und der Projektion von Hilfsbedürftigkeit auf Frauen und stattdessen mehr Fokus auf Unabhängigkeit, Freiheit und zeigen, dass es möglich ist. Frauen machen 50 % der Bevölkerung aus, und ihnen stehen auch 50 % der Jobs, Parlamentssitze und Plätze in entscheidungsfindenden Gremien zu.

6.7 Fazit

In diesem Kapitel haben wir uns hauptsächlich auf die große Diskrepanz bei Gehalt und Vermögen zwischen Frauen und Männern fokussiert. Im aktuellen Diskurs über die Gleichberechtigung von

Mann und Frau spielt die Gender Pay Gap immer eine sehr zentrale Rolle. »Gleiche Bezahlung für gleiche Arbeit«: Dieser Slogan führt den nicht enden wollenden Kampf für gleiche Bezahlung an, aber hinter der Gender Pay Gap und der Diskrepanz bei Vermögen zwischen Männern und Frauen steckt viel mehr, als wir in diesem Kapitel herausgefunden haben. Es handelt sich nicht nur um eine Gender Pay Gap, sondern um eine Gender-Finanzierungs-Gap. Ein Unterschied bezüglich des Geldes lässt sich nämlich nicht nur bei den Gehältern erkennen, sondern auch allgemein bei den Geldressourcen von Frauen und Männern. Dieser Unterschied erreicht seinen höchsten Punkt in der Rente aufgrund von unterschiedlichen Mustern im Arbeitsverhalten. Ihm kann durch Bildung speziell für Frauen in Finanzierungsangelegenheiten und durch das Zur-Verfügung-Stellen von Information vorgebeugt werden. So sollte z. B. darüber informiert werden, dass das Steuerrecht beim Ehegattensplitting nur dann Vorteile birgt, wenn eine Partei signifikant weniger verdient als der/die andere, wie in Abschnitt 6 beschrieben wurde. Und da Frauen aus systemimmanenten sowie historischen Gründen in den meisten Fällen das geringere Gehalt beziehen, wirkt sich das Ehegattensplitting negativ auf sie aus. Es gibt seit Jahren intensiv diskutierte Alternativmodelle zum traditionellen Ehegattensplitting aus den 1950er-Jahren. Bündnis 90/Die Grünen schlagen eine Individualbesteuerung vor, die nicht an die Institution der Ehe geknüpft ist. Der Ifo-Chef hat ein Modell zum Realsplitting vorgeschlagen. Hierbei werden die Ehepartner*innen individuell und unabhängig voneinander besteuert. Allerdings kann der/die Erstverdiener*in steuerlich einen gewissen Betrag auf den/die Zweitverdiener*in übertragen. Welches Modell auch immer zum Tragen kommt, auch hier müssten die steuerlichen Regelungen ein zukunftsorientiertes Bild von Familie und Partnerschaft abbilden.[187]

7 »Wenn zu viele Frauen zusammen in Teams sind, dann kippt die Stimmung«

Mit seinem Kommentar hat der Präsident des Vorbereitungskomitees der Olympischen Spiele in Tokio 2021, Yoshiro Mori, weltweit Diskussionen zum Thema »Quote« und »Frauen in Teams« neu entfacht. Was genau hat Yoshiro Mori gesagt, wieso sorgt sein Kommentar für so viel Aufsehen? Damit wollen wir das Kapitel beginnen. Das führt uns weiter dazu, uns die soziale Dynamik in Vorstandsgremien oder am Arbeitsplatz allgemein anzuschauen. Was ist anders in gemischten Teams, und welche Probleme können dabei tatsächlich auftreten? Außerdem wollen wir uns auch kurz die Männer an der Seite erfolgreicher Frauen anschauen.

7.1 Der Olympiaskandal 2021

Viele Frauen in Teams, Vorständen oder anderen Gruppierungen führen zu Komplikationen bei der Arbeit und bei der Durchführung von Projekten: Frauen reden zu viel, fangen untereinander Streit an, werden »stutenbissig« – Vorurteile, die man/frau oft zu hören bekommt. Sobald ein Konflikt in einem Frauenteam oder zwischen zwei Frauen auftritt, wird, ohne Nachdenken, vom »Zickenkrieg« gesprochen. Wenn ich als Beraterin in ein Team komme, in dem nur Frauen sind, ist die Hypothese meiner männlichen Kollegen, die davon erfahren, ohne Anhörung des Themas sofort: »Oh, schwierig: nur Frauen«. Das jüngste Beispiel stammt aus dem Vorbereitungskomitee für die Olympischen Spiele 2021 in Tokio. Der Präsident dieses Komitees, Yoshiro Mori, sagte während einer Sitzung, dass Komitee-Meetings mit Frauen zu lange dauern würden, weil die beteiligten Frauen miteinander konkurrieren würden, und sobald eine etwas sagt, dann hätten alle anderen Frauen das Gefühl, ebenfalls sprechen zu müssen. Es sei erwähnt, dass von den 38 Olympiavorstandsmitgliedern nur acht Frauen sind. Die Aussage des Olympiapräsidenten löste eine Welle an Protesten aus, sowohl in Japan als auch weltweit. Er nahm seine Aussage öffentlich zurück und entschuldigte sich für seine Worte. Letztendlich war der Druck aber so groß, dass Mori als Präsident zurücktreten musste. Mehrere große Sponsor*innen der Olympischen

Spiele in Tokio, wie Toyota, veröffentlichten Statements, um sich von Moris Aussage deutlich zu distanzieren, und 80 % der Japaner sprachen sich sogar dafür aus, die Spiele in Tokio 2021 zu verschieben oder sogar ganz abzusagen. Die Corona-Pandemie ist natürlich ebenfalls ein großer Faktor, aber Moris Kommentar habe den ganzen Negativschlagzeilen noch die Krone aufgesetzt. Ersetzt wurde Mori schließlich durch die ehemalige Olympiaministerin in Tokio, Seiko Hashimoto.[188]

Die Vermutung ist, wenn zu viele Frauen in einem Gremium oder einem Team sind, dann gibt es Probleme. So werden z. B. auch private Auseinandersetzungen zwischen Freunden und Freundinnen anders wahrgenommen und bewertet. Wenn zwei Männer sich streiten, dann wird das einmal richtig ausdiskutiert, und danach kann man/frau wieder zusammen ein Bier trinken gehen, und alles ist beim Alten. Aber wenn zwei Freundinnen streiten, dann ist das ein manipulativer Zickenkrieg, der sich ewig hinzieht. Wo kommt diese Wahrnehmung eigentlich her? Warum sind unendliche, unproduktive Alphamännerkämpfe sozial akzeptiert, und unterschiedliche Positionen von Frauen werden als Zickenkriege abgestempelt? Frauen wird unterstellt, dass sie sich nicht sachlich auseinandersetzen können, während Männer aber Weltkriege beginnen können und trotzdem noch als rational wahrgenommen werden. Mit Sicherheit gibt es unterschiedlichste Teamdynamiken und unterschiedlichste Arten und Weisen, wie man/frau Mitarbeiter*innen unterscheidet, aber welches Unterscheidungsmerkmal wir wählen, ist allein die Entscheidung des Beobachters oder der Beobachterin. Er oder sie kann aus den verschiedensten Unterscheidungsmerkmalen auswählen: Neben Mann/Frau gibt es auch jung/alt, introvertiert/extrovertiert oder kulturelle Unterschiede.

7.2 Die soziale Dynamik in Gremien

Eine weitere subtile Beobachtung ist die soziale Gruppendynamik dort, wo das Private und das Berufliche nicht strikt voneinander getrennt werden. Bei Start-ups sitzt man/frau oft noch lange abends beim Bier und diskutiert Ideen, in Gremien finden die wichtigen Gespräche beim oder nach dem Abendessen statt, viel informelle Klärung entsteht auf Geschäftsreisen. Wo nun formelle und informelle Strukturen ineinander übergehen, werden, wenn nur wenige Frauen darunter sind, gemischtgeschlechtliche Gruppen potenziell, vor allem von den daheimgebliebenen Ehepartner*innen, als Bedrohung wahrgenommen.

So kann man/frau es oft erleben, dass etwa Festival-Leitungsteams oder allgemein Gremien nur aus Männern bestehen. Oft ist es einfacher, gemeinsame »Geschäftsausflüge« zu machen, die dann »unverdächtig« sind. Da die soziale Gruppendynamik dort beeinflusst wird, wo das Private und das Berufliche nicht strikt voneinander getrennt werden, da wo innerhalb des Kollegenkreises auch ein Sozialleben existiert, wird es bei Unternehmungen außerhalb des Arbeitsplatzes, z. B. bei Ausflügen, als seltsam oder sogar unangebracht wahrgenommen, wenn eine Kollegin als einzige Frau in der Gruppe mit ihren Kollegen am Ausflug teilnimmt.

In den Firmen, in denen ich als einzige Frau beteiligt war, wurden diese informellen Veranstaltungen dann immer mit den Ehepartner*innen gemeinsam veranstaltet, womit diesem Problem ausgewichen wurde. Natürlich bergen solche Treffen mit den Ehepartner*innen auch gewisse Risiken. So wurde eine obere Führungskraft, die mit ihrem Mann zum Abendessen mit ihren Mitarbeiter*innen erschien, mit der spontanen Aussage überrascht: »Oh, ich hätte Ihnen gar nicht zugetraut, dass Sie so einen männlichen Mann haben!« Das heißt, als obere Führungskraft in einem DAX-Konzern, kann man/frau, wenn man/frau überhaupt eine*n Partner*in hat, als Frau höchstens einen Schlurfi hinter sich herziehen ...

7.3 Die Männer an der Seite mächtiger Frauen

Hinter jedem erfolgreichen Mann steht eine starke Frau – diesen Spruch kennt man/frau, und es gibt zahlreiche Beispiele, die ihn belegen; man/frau denke nur an die Reihe an US-Präsidenten und ihre First Ladies, die ihnen unterstützend zur Seite standen. Aber wer steht hinter einer erfolgreichen Frau? Die Geschichte ist voll von Männern, die man/frau an der Seite mächtiger Frauen kennt: Joachim Sauer, den Ehemann der ehemaligen Kanzlerin Angela Merkel; Douglas Emhoff, den Ehemann der ersten US-Vizepräsidentin Kamala Harris; Prince Philip an der Seite der englischen Königin Elizabeth II; oder, wenn man/frau weiter zurückgeht, Prince Albert an der Seite von Königin Victoria.

Im Fall von Angela Merkel und Joachim Sauer kann man/frau meiner Meinung nach und bei direktem Vergleich mit den noch folgenden Beispielen aber nur im äußersten Sinne von Unterstützung sprechen. Die ehemalige Kanzlerin hält ihre Ehe privat; sowohl sie als auch ihr Ehemann äußerten sich nur sehr wortkarg über den jeweils anderen, wenn sie sich überhaupt zu einem Kommentar bereit erklärten. Grundsätzlich muss das ja noch kein Anzeichen dafür sein, dass sie keine Unterstützung von ihrem Ehemann erhielt; was aber immer wieder zu (unfundierten) Trennungsgerüchten und zur Annahme von mangelnder Unterstützung seinerseits führte, ist die Tatsache, dass Sauer die ehemalige Kanzlerin nur selten zu offiziellen Anlässen begleitete. Auch bei ihrer ersten Vereidigung zur Bundeskanzlerin im Jahr 2005 war seine Abwesenheit aufgefallen. Besonders auffällig ist es, wenn man/frau Sauers Präsenz als Mann der deutschen Bundeskanzlerin mit der von Michelle Obama als First Lady (2009–2017) vergleicht.

Weder für den Ehegatten/die Ehegattin des Kanzlers/der Kanzlerin noch für die First Lady der USA gibt es ein gesetzlich verankertes Protokoll über ihre Aufgaben, aber das Amt der First Lady ist in unseren Köpfen deutlich enger mit zeremoniellen Anlässen verbunden. Außerdem geht das inoffizielle »Amt« der First Lady seit dem frühen 20. Jahrhundert mit einem eigenen Bereich im Weißen Haus und eigenem Personal einher, und es ist ein fester Teil des öffentlichen sozialen und politischen Lebens der USA. Zu ihren Aufgaben gehören die Teilnahme an politischen Kampagnen, das Management des Weißen Hauses, soziales Engagement und dass sie den Präsidenten bei offiziellen Anlässen repräsentiert. So konnten wir Michelle Obama acht Jahre lang beobachten, wie sie ihren Mann aktiv im Wahlkampf unterstützte, eine Reihe an Kampagnen ins Leben rief und aktiv an sozialen sowie auch politischen Anlässen im Weißen Haus teilnahm oder sogar als Gastgeberin auftrat, während Joachim Sauer vergleichsweise komplett abwesend war. Was weiterhin zum offiziellen Charakter des Amts der First Lady beiträgt, ist, dass ihr Amt in der Vergangenheit auch dann vergeben wurde, wenn der Präsident unverheiratet oder verwitwet war. Nahestehende weibliche Familienmitglieder oder andere nahestehende weibliche Personen wurden dann zur First Lady berufen, damit sie repräsentative Aufgaben sowie ihre Rolle als Gastgeberin des Weißen Hauses übernahmen.

Es sollte hier noch kurz angemerkt werden, dass die Rollen »Präsident*in« und »Kanzler*in« nicht eins zu eins miteinander verglichen werden können (präsidentielles Regierungssystem vs. parlamentarische Demokratie). Der oder die Präsident*in regiert und repräsentiert.

7.3 Die Männer an der Seite mächtiger Frauen

Die First Family lebt im Weißen Haus. Neben dem oder der Kanzler*in gibt es in Deutschland auch den oder die Bundespräsident*in, der oder die repräsentativen Aufgaben übernimmt. Nichtsdestoweniger ist das ein sichtbares Bild, das vermittelt wird.

Mit Douglas Emhoff, dem Ehemann der ersten Vizepräsidentin der USA, zieht nun auch zum ersten Mal ein Second Gentleman nach Washington. Bereits im Wahlkampf hat er Kamala Harris, die an Joe Bidens Seite für das zweithöchste Amt in den USA antrat, aktiv unterstützt. Im Gegensatz zum deutschen »First Gentleman«, Joachim Sauer, hat Emhoff sich dazu entschlossen, seine eigene Tätigkeit als Anwalt bei der international agierenden Anwaltskanzlei DLA Piper aufzugeben und seiner Frau nach Washington, D. C., zu folgen. Auf seinem persönlichen Twitteraccount postete Emhoff, er fühle sich geehrt, der erste Second Gentleman der Vereinigten Staaten zu sein.[189] Was aber wird passieren, sollte Kamala Harris 2024 erneut als Präsidentschaftskandidatin antreten? Obwohl noch keine offiziellen Angaben dazu verlautbart wurden, ob Biden und Harris wieder als Duo für eine zweite Amtszeit antreten oder nicht, sind sich Expert*innen sicher, dass Joe Biden, der bei den nächsten US-Wahlen bereits über 80 Jahre alt sein wird, nicht erneut zur Wahl antreten und das Feld seiner Vizepräsidentin überlassen wird. Sollte Harris dann die erste Präsidentin der USA werden, wird Emhoff auch der erste First Gentleman sein. Wird er dann weiterhin eine aktive und präsente Stütze an Harris' Seite sein?

Obwohl wir uns im 21. Jahrhundert befinden, ist die Vorstellung doch befremdlich, dass der Mann der Präsidentin seine eigene Karriere aufgibt, um sich um soziale Events und Kampagnen zu kümmern. Historisch betrachtet, ist das Amt der First Lady vor allem mit »typisch weiblichen« Aufgaben belastet wie sozialen Events und der Funktion als Gastgeberin. Was wird zukünftig von Douglas Emhoff (und den folgenden First Gentlemen) erwartet, sollte Kamala Harris tatsächlich an der Spitze einer der mächtigsten Nationen der Welt stehen? Wird man/frau von ihm auch erwarten, dass er sich um die Weihnachtsdeko im Weißen Haus kümmert, Michelle Obamas eingeführten Gemüsegarten und Jacky Kennedys Rosengarten hegt und pflegt? Es bleibt abzuwarten. Aber mit seiner Entscheidung, Kamala Harris nach Washington, D. C., zu folgen, und mit seiner Aussage via Twitter hat Douglas Emhoff die ersten Zeichen dafür gesetzt, dass er bereit ist, selbst zurückzustecken, um Kamala zu unterstützen.

Er folgt damit dem Beispiel eines anderen Mannes, der 73 Jahre lang als Stütze an der Seite seiner mächtigen Ehefrau stand – oder, besser gesagt, immer drei Schritte hinter ihr ging. Die Rede ist vom im letzten Jahr verstorbenen Prinzgemahl Philip, Herzog von Edinburgh. Prinz Philip, wie auch sein Vorgänger Prinz Albert ca. 100 Jahre vor ihm, übernahm eine in seiner Zeit unkonventionelle Rolle. Während die Gesellschaft, in der die Prinzen jeweils lebten, von Männern erwartete, dass sie führen, übernahmen sie eine Position, die nicht die des Oberhaupts der Familie war, sondern die von ihnen erwartete Rolle als Prinzgemahl, der stets drei Schritte hinter diesem eigentlichen Familienoberhaupt – ihren Ehefrauen – hinterherläuft. Während Queen Elizabeth Parlamentssitzungen eröffnet und anderen Regierungsaufgaben nachging, wurde Philip mit der Modernisierung der Institution Monarchie und der Renovierung des Palasts betraut, so wie Prinz Albert vor ihm. Ihr Aufgabenbereich beschränkte sich größtenteils auf das Zuhause – den Ort, der vor allem in den 1840ern und 1950ern als feminin galt. Nach Prinz Philips Tod lag ein großer Teil des Fokus darauf, wie viel er für die Queen aufgegeben hatte, wie z. B. seine Karriere bei der Marine, und darauf, dass ihm das vor allem zu Beginn der Regentschaft von Elizabeth II Schwierigkeiten bereitet hat. Die Tatsache, dass er viel zurückstecken musste, überschattet sein gutes Beispiel dafür, wie er als Mann seine mächtige Ehefrau unterstützte. Präsident Obama macht in seinem Instagram Post darauf aufmerksam, welch ein Vorbild er in dieser Hinsicht gewesen war: »Prince Philip showed the world what it meant to be a supportive husband to a powerful woman.«[190]

7.4 Fazit

Was beim Vorfall mit dem Olympiapräsidenten Yoshiro Mori deutlich wird, ist, dass man/frau mit solchen Aussagen wie der seinen – wenn Frauen im Vorstand seien, würde zu viel geplappert – heute nicht mehr weit kommt. Tatsache ist aber, dass man/frau der Einstellung, zu viele Frauen im Team seien störend, tagtäglich begegnet, ohne dass sich irgendwer daran stört. Und dann wären wir wieder beim Thema der unterschiedlichen Wahrnehmung.

Der Grund dafür, dass ein Team, das nur oder zum Großteil aus Frauen besteht, die Reaktion »Oh, schwierig« hervorruft, rührt daher, dass Frauen unterstellt wird, sie könnten keine rationale Auseinandersetzung führen, während Männer einen (Welt-)Krieg nach dem anderen anzetteln und führen können, ohne dass man/frau ihre Rationalität anzweifeln würde. Frauen in Teams werden nicht nur auf professioneller Ebene als »schwierig« eingestuft. Auch da, wo das Berufliche und das Private nicht gänzlich voneinander getrennt werden, kommt es zu Komplikationen. Vieles wird bei Abendessen oder anderen internen sozialen Anlässen wie Partys oder Ausflügen mit den Kolleg*innen besprochen. Das Problem dabei: Die (Ehe-) Partner*innen fühlen sich bedroht, wenn im Kollegium, das eigentlich nur aus Männern besteht, eine Frau dabei ist (oder umgekehrt). Wir, als Gesellschaft, sind so sehr daran gewöhnt, dass Frauen ihre eigenen Karrieren für Partner und Kinder opfern, dass es immer noch als besonders wahrgenommen wird, wenn die Rollen umgekehrt sind, wie z. B. bei Queen Elizabeth II. oder jetzt bei der Vizepräsidentin der USA, Kamala Harris, und Ehemann Douglas Emhoff. Was aus der Berichterstattung hervorgegangen ist, ist, dass man/frau sich auch im Jahr 2020 nicht vorstellen konnte, dass ein Mann die klassischen Aufgaben einer First Lady übernehmen kann oder sollte. Und das sollte uns zu denken geben. Diese Rollenstereotype werden immer noch durch Darstellungen, z. B. in Film und TV, aufrechterhalten. So wie unsere Sprache müssen auch mediale Darstellungen die Realität der Gesellschaft widerspiegeln bzw. an diese Realität angepasst werden. Das schließt alle Darstellungen mit ein, aber im Besonderen betrifft es solche, denen vor allem Kinder ausgesetzt sind: In Kinderbüchern, Filmen und auch in Schulbüchern müssen lebensnahe Realitäten abgebildet werden, damit die Aufrechterhaltung von Geschlechterstereotypen in Zukunft unmöglich gemacht wird.

8 Mansplaining

Männer erklären die Welt. Natürlich gehört zum Voneinanderlernen dazu, dass der-/diejenige, der/die etwas weiß, anderen, die dies nicht wissen, den jeweiligen Sachverhalt erläutert. Zu einer gelungenen Kommunikation würde aber gehören, dass der-/diejenige die Erläuterungen auch sucht bzw. empfänglich dafür ist. Und hier fängt das Problem an: Männer erläutern Frauen die Welt, ob sie es wissen wollen oder nicht. Der Begriff Mansplaining setzt sich zusammen aus den englischen Begriffen *man* (»Mann«) und *explaining* (»erklären«) und formt so das Portmanteau[191] »Mansplaining«. Rebecca Solnit, US-amerikanische Autorin und Journalistin, wird fälschlicherweise häufig mit der Wortschöpfung »Mansplaining« in Zusammenhang gebracht, aber eigentlich hat sie damit, laut eigener Aussage,[192] gar nichts zu tun. Wohl aber hat ihr Essay Men explain things to me (2014) die Schöpfung dieses Wortes inspiriert. Dieser Essay, das erstmals bereits im Jahr 2008 veröffentlicht wurde, ist Teil einer Sammlung von Solnit-Essays, die in der bereits überarbeiteten Auflage des Buchs mit demselben Titel *(Men explain things to me)* zusammengetragen wurden. Einige Jahre nach einem Vorfall, der Solnit dazu inspirierte, existierte der Essay nur als Idee, aber angetrieben vom Gedanken, dass jungen Frauen klargemacht werden muss, dass die herablassende Art ihnen gegenüber keinesfalls aus Fehlern ihrerseits resultiert, sondern Teil des Kampfs der Geschlechter ist und dass jede Frau früher oder später diese Erfahrung wird machen müssen, hat Solnit ihre ursprüngliche Idee dann doch zu Papier gebracht und veröffentlicht.

Solnit beschreibt in diesem Essay zwei konkrete persönliche Erlebnisse darüber, wie Männer sie belehrten und sie »Opfer von Mansplaining« wurde. Als sie 2003 auf einer Party auf ihre Veröffentlichungen angesprochen wurde, hatte Solnit bereits sechs Werke veröffentlicht. Sie schildert, dass sie vom Gastgeber dazu aufgefordert wurde, zu erzählen, über welche Themen sie denn so schreibt. Dabei merkt sie an, dass der Tonfall ihres Gegenübers damit vergleichbar sei, wie man/frau ein ca. 7-jähriges Kind dazu ermuntert, vom Musikunterricht zu erzählen. Sobald sie den Namen »Muybridge« erwähnte, wurde sie unterbrochen,[193] und »Mr. Very Important«,[194] wie sie ihren Gesprächspartner anonymisiert, wies sie auf ein überaus wichtiges Buch zum selben Thema hin, das erst kürzlich veröffentlicht wurde, und sie müsse es unbedingt lesen bzw. er hätte erwartet, dass sie dieses wichtige Buch bereits kennen würde. Sein überschwänglicher, ungebetener Einwurf war begleitet von einem selbstgefälligen Gesichtsausdruck und dem, was Solnit als[195] »eyes fixed on the fuzzy far horizon of his own authority«[196] (»die Augen auf den unscharfen, fernen Horizont seiner eigenen Autorität fixiert«). Im Verlauf seines Redeflusses stellte sich heraus, dass er über Solnits eigene Veröffentlichung zum Thema sprach und dass er das Buch, welches er ihr so sehr ans Herz legte, gar nicht selbst gelesen hatte und so falsche Informationen und Belehrungen wiedergab. Es brauchte volle vier Anläufe, bis ihm klargemacht werden konnte, dass er gerade der Autorin ihr eigenes Buch empfohlen hatte. Die Realisierung habe ihn dann wohl so sehr verwirrt und die Art, in der er die Welt um sich herum kategorisierte, so durcheinandergeworfen, dass er erst mal sprachlos war.[197]

Der zweite Vorfall, den Solnit in ihrem Essay beschreibt, ereignete sich ein paar Jahre nach dem ersten bei einem Abendessen, das auf einen ihrer Vorträge folgte.[198] »Mr. Very Important II«[199] spottete ganz offen über eine falsche Aussage ihrerseits (die sich später aber, nach kurzer Internetrecherche, dann doch als richtig herausstellte). Die selbstbewusste Art seiner Belehrung beschreibt Solnit als so aggressiv, dass ihr die Aussicht auf Streit mit diesem Mann Angst einflößte und ihr nur als Einladung für weitere Beleidigungen erschien.[200]

Es ist klar, dass es Personen aller Geschlechter gibt, die ihren Mitmenschen gerne auf herablassende Art Dinge erklären – das sieht auch Rebecca Solnit ein –, aber offen konfrontatives Selbstbewusstsein des Unwissenden, so behauptet sie, sei geschlechtsspezifisch,[201] und außerdem wären solche Vorfälle, in denen eine Frau einem Mann auf herablassende Weise etwas erklärt, nicht bezeichnend für das massive Machtgefälle, das auch weitaus unheilvollere Formen annehmen kann.[202]

Einer der wichtigsten Aspekte beim Mansplaining, neben dem herablassenden Tonfall, ist, dass Männer Frauen auch dann Dinge erklären, wenn sie selbst überhaupt keine Ahnung von der Materie haben (siehe Vorfall 1). Diese Mutmaßung, dass er kategorisch immer weiß, wovon er spricht und sie nicht, erschwert es Frauen, ihre Stimme zu nutzen, gehört zu werden und bringt sie zum Schweigen – es wird ihr deutlich vermittelt: Diese Welt ist nicht die deine. Ein gewisses Maß an Selbstzweifel ist gesund und hilft dabei, sich selbst zu verbessern,

Verständnis aufzubringen und zuzuhören. Zu viele Selbstzweifel haben aber eine lähmende Auswirkung, lehren Frauen auf der einen Seite zu schweigen und Männer auf der anderen Seite, ihre Überselbstsicherheit auszuüben.[203] Diese Mutmaßung lässt jegliche weibliche Glaubwürdigkeit bröckeln. Solnit wurde sich während des Verfassens ihres Essays nur zu schnell des Kontinuums bewusst, das sich von vergleichsweise »kleinen« sozialen Missständen bis zu gewaltvollen Arten des Zum-Schweigen-Bringens erstreckt.[204] Glaubwürdigkeit ist ein grundlegendes Instrument zum Überleben[205] – das wird sowohl der Autorin als auch den Leser*innen zunehmend bewusst, wenn die Narrative sich vom relativ amüsanten Ausgangspunkt zu Zeugenaussagen bei Vergewaltigungs- und Mordfällen bewegen, in welchen der Zweifel an weiblicher Glaubwürdigkeit weitreichende Folgen nach sich zieht.[206]

Ständig darum kämpfen zu müssen, dass die eigenen Aussagen als glaubwürdig aufgenommen werden, zwingt Frauen dazu, ihre Kriege an zwei Fronten zu führen:

- für das eigentliche Thema einer Debatte
- dafür, zu Wort zu kommen, Ideen zu haben, wahrgenommen zu werden, sich Fakten und Wahrheiten bewusst zu sein und überhaupt einen Wert zu haben.

Ein Beispiel wäre das Civil Rights Movement der 1960er-Jahre: Frauen waren zwar ein großer Teil der Bewegung, die repräsentativen Figuren der Bewegung sind, mit Ausnahme von Rosa Parks, aber weitestgehend männlich. Und auch die Rechte afroamerikanischer Frauen sind dabei auf der Strecke geblieben. Bei jedem Kampf gegen die Unterdrückung einer Minderheit existiert eine weitere Gruppe, eine weitere Minderheit innerhalb der ersten, die aktiv am Kampf beteiligt ist, aber selbst zurückstecken muss.[207]

Academic men explain things to me ist ein Tumblr-Blog,[208] der von Oktober 2012 bis Oktober 2013 rund ein Jahr lang Erlebnisse und Geschichten von Frauen zum »Mansplaining« sammelte und veröffentlichte. 2016 wurde der Blog dann aus Zeitgründen der Schreiber*innen offiziell geschlossen und dient nun als Archiv mit 1000 Einträgen. Auch wenn es im Titel »akademische Männer« heißt, beinhaltet das Archiv Erlebnisse sowohl aus akademischen als auch aus nichtakademischen Bereichen und wurde sogar mit einer

Erwähnung in Rebecca Solnits überarbeiteter Essaysammlung *Men explain things to me* geehrt.

Obwohl die Definition von »Mansplaining« relativ klar ist, ist es manchmal doch schwer, eigene Erlebnisse als Mansplaining zu identifizieren. War das gerade Mansplaining? Oder ist mein Gesprächspartner nur extrem nervig oder einfach unausstehlich? Mansplaining ist schon so sehr in unserer Gesellschaft verankert, dass Männer oft meinen, etwas besser zu wissen oder in etwas kompetenter zu sein, dass die meisten Vorfälle mittlerweile nicht mehr als Mansplaining abgestempelt werden und verharmlost werden. Manche Vorfälle sind aber eindeutig und bleiben einem so als klarer Fall von Mansplaining in Erinnerung. Eine immer wiederkehrende Debatte, bei der viele Männer meinen, es besser zu wissen, ist die ums Kindergebären und die damit einhergehenden Schmerzen.

Ein Gespräch oder viel mehr eine Belehrung dreier Jungen bzw. junger Männer gegenüber einem Mädchen bzw. einer jungen Frau zum Thema »Geburtsschmerzen«; alle vier um die 17 Jahre oder gerade frisch 18 Jahre alt geworden und auf Abifahrt. Ausgelöst wurde die Diskussion durch die Aussage zweier Mitschülerinnen am Tag zuvor: Für sie wären die Schmerzen ein Grund dafür, keine Kinder zu bekommen. »Nun standen drei Jungen vor mir und haben mich bearbeitet und versucht, mir zu erklären, dass sie diese Argumentation ja gar nicht verstehen würden.« – Natürlich nicht! Wie könnten sie auch? Keiner von ihnen hatte je oder wird haben einmal im Monat Beeinträchtigungen durch Periodenschmerzen oder wird jemals selbst Kinder zur Welt bringen. »Wie könnt ihr es euch anmaßen, aus diesem Grund keine Kinder zu bekommen? Das ist ja gar kein Grund; stellt euch nicht so an. So schlimm ist das gar nicht!« Wie könnt ihr es euch anmaßen, aus eurer Position heraus eure Mitschülerinnen zu belehren? Ihr, die das Ganze niemals werdet nachvollziehen können. Einer der drei studiert heute Medizin; ob er seinen Patientinnen auch sagen wird, dass sie sich zusammenreißen sollen, da das ja alles gar nicht so schlimm sei, oder ob er inzwischen etwas mehr Einsicht zeigt, bleibt offen.

Kim Goodwin erstellte 2018 ein simples und verständliches Diagramm, mit dessen Hilfe sich einfach erkennen lässt, wann es sich um Mansplaining handelt und wann nicht. Erstellt hat sie das Diagramm auf Anfrage zweier Kollegen; beide sind Experten ihres jeweiligen Felds und waren besorgt darum, ungewollt herablassende Erklärungen zu machen; als Antwort gab es dieses Diagramm, das schnell viral wurde.

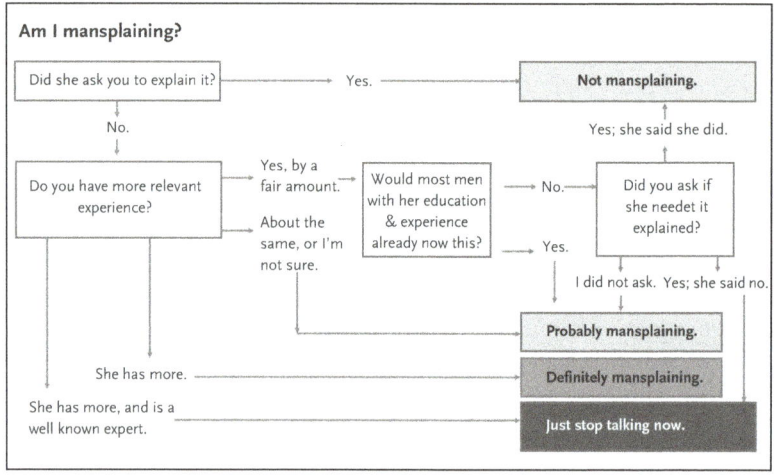

Abb. 3: Am I mansplaining? (Verfügbar unter: https://twitter.com/kimgoodwin/status/1020029572266438657?lang=de [25.08.2021])

Sie gliedert ihr Diagramm in drei Hauptfaktoren auf: Ist eine Erklärung überhaupt gewünscht? Werden falsche Vermutungen über die Kompetenzen des Gegenübers angestellt? Und wie beeinflusst Voreingenommenheit die Interpretation der vorangegangenen Punkte? Explizite Fragen dürfen natürlich ohne Bedenken mit Erklärungen beantwortet werden. Erklärungen, um die nicht explizit gebeten wurde, lassen auch nicht zwangsläufig auf Mansplaining schließen. Es kommt dabei auf die Situation und den Kontext an, so Goodwin. Sie bringt Lehrer oder Manager als Beispiele an. Erklärungen, nach denen nicht gefragt wurde, sind in der Regel als Mansplaining einzustufen und infolgedessen respektlos. »Es war ja gar nicht so gemeint« – unabhängig von der Intention des Erklärenden werden die Kompetenz und das Wissen des Gegenübers trotzdem angezweifelt. Sexismus oder andere Formen von Bias beeinflussen die Interpretation von »Ist eine Erklärung gewünscht?« und Vermutungen zur Kompetenz des Gegenübers; so vermuten Männer bei Frauen oft weniger Kompetenz und Wissen. Solche Annahmen sorgen für den fortlaufenden Kreislauf bestimmter, z. B. geschlechterbedingter Assoziationen, die sich dann aufs Selbstwertgefühl auswirken und Frauen vermitteln, nie gut genug zu sein, immer mehr zu geben, schneller laufen zu müssen, um ans Ziel zu gelangen (siehe Kap. 2). Ist es z. B. nur Zufall, dass die Telefonjoker bei Quizshows fast immer Männer sind? Oder verspüren die teilnehmenden Frauen die Notwendigkeit, einen Mann mit ins Boot zu holen, weil sie es sonst nicht schaffen würden? Es scheint ein unwichtiges, kleines Detail, das wohl kaum zum Argument beitragen kann, aber es fällt auf. Und jedes noch so kleine Detail muss Beachtung finden – jedes Detail, das ignoriert wird, trägt nur zur Normalisierung bei.

8.1 Fazit

Solnit und der Tumblr-Blog beschreiben Vorfälle, die allen Frauen vertraut sind. Vorkommnisse, die nach Kim Goodwins Diagramm als Mansplaining kategorisiert würden, sind so sehr Teil unserer Gesellschaft, dass sie als normal wahrgenommen werden und runtergespielt bzw. verharmlost werden. Das hat zur Folge, dass Mansplaining-Vorfälle nichts Außergewöhnliches mehr sind. Das wiederum hat den Effekt, dass es einfach hingenommen und nichts dagegen unternommen wird.

Außerdem geht es beim Thema »Mansplaining«, wie in diesem Kapitel festgestellt wurde, auch ein Stück weit um Kompetenzzuschreibung.

9 Das F-Wort

In diesem Kapitel wollen wir noch einmal zurückblicken, bevor wir uns wieder der Zukunft zuwenden. – Ein Blick zurück zu den Anfängen des modernen Feminismus, den drei etablierten Wellen des Feminismus und darauf, warum wir uns gerade auf eine vierte zubewegen. Was macht die vierte Welle aus, wie unterscheidet sie sich von den drei vorangegangenen Phasen des Feminismus? In dieser vierten Phase, falls wir denn von einer vierten Phase sprechen wollen, müssen wir uns außerdem mit Bewegungen wie #MeToo und #TimesUp auseinandersetzen, die 2017 und 2018 besonders sichtbar waren und die sich vor allem als Antwort auf Donald Trumps Wahl zum US-Präsidenten und auf sexuelle Belästigungsskandale, wie z. B. die um Harvey Weinstein, Jeffrey Epstein und Brett Kavanaugh formierten. Repräsentation, Sichtbarkeit und gegenseitige Unterstützung sind Schlüsselelemente der vierten Welle und des modernen Feminismus; Beyoncé, Taylor Swift und Emma Watson machen es vor und sind zusammen mit Ruth Bader Ginsburg und Michelle Obama die Gesichter des modernen Feminismus.

9.1 Die drei Wellen des Feminismus

Offiziell spricht man/frau von drei Wellen des modernen Feminismus – also ab dem 19. Jahrhundert, denn erst ab hier kann man/frau von einer klar erkennbaren und bewussten Bewegung für Frauenrechte sprechen. Olympe de Gouge und Mary Wollstoncraft gelten als die Urmütter des modernen Feminismus, bevor es eine klar definierbare Bewegung gab. Sie plädierten bereits in den 1780ern und 1790ern für die Würde, die Intelligenz und das grundlegende menschliche Potenzial des weiblichen Geschlechts.

Die erste Welle des Feminismus wird auf das späte 19. Jahrhundert bzw. das frühe 20. Jahrhundert datiert und legte ihren Fokus vor allem auf das Wahlrecht für Frauen.

Das Ende des 19. Jahrhunderts – die späte Viktorianische Epoche – ist eine Zeit geprägt von Geschlechterideologien und getrennten »weiblichen« und »männlichen« Sphären. Die Zuschreibungen, Aufgaben und Ansichten bezüglich des geistigen Vermögens von Männern und Frauen waren klar getrennt. Gegen diese Geisteshaltungen kämpften die Suffragetten unter primärer Führung von Emmeline Pankhurst, um dem »Kult der Häuslichkeit« ein Ende zu bereiten. Im Nachhinein wird an der ersten Welle vor allem kritisiert, dass die Bewegung speziell Feminismus für weiße, aus der Mittelklasse stammende Frauen war.

Durch die enge Verknüpfung der zweiten Welle, die in den 1960ern und 1970ern ihren Höhepunkt erreichte mit Anti-Vietnam-Krieg- und Civil-Rights-Bewegungen, war die zweite Phase sehr viel diverser als die erste und zog Frauen aller Hautfarben und Klassen an. Der Fokus der zweiten Welle lag vor allem auf Sexualität und reproduktiven Rechten; Kontrolle über den eigenen Körper, Selbstbestimmung in der Sexualität und eigener Familienplanung – natürlich auch angefeuert durch die Antibabypille in den 1960ern. Das Konzept, das biologische Geschlecht vom sozialen Konstrukt des Geschlechts (Gender) zu trennen, fand ebenfalls erstmals in der zweiten Welle Ausdruck und man/frau betonte, dass Gender, das sozial konstruierte Geschlecht, von Kultur zu Kultur sehr unterschiedlich sein kann; außerdem ist es anfällig für Veränderung und verändert sich mit der Zeit. Die zweite Welle zeichnet sich auch dadurch aus, dass sie zunehmend radikaler wurde im Vergleich zu den vorausgegangenen Bewegungen: Aus den USA gibt es Bilder von Märschen gegen Schönheitswettbewerbe wie den Miss-America-Wettbewerb oder BHs und andere einschränkende Kleidungsstücke, die für die Zeit üblich waren und in Mülleimer geworfen und verbrannt wurden. Im Nachhinein wurde oft (zu Unrecht) behauptet, die zweite Welle sei gescheitert, und das hat einen wichtigen Grund: Die zweite Welle war, wie bereits erwähnt, eng mit anderen Bewegungen verbunden – Anti-Kriegs- und Civil-Rights-Bewegung –, was dazu führte, dass die Frauenbewegung hinter anderen Gesellschaftsfragen, die als »wichtiger« eingestuft wurden, zurückfallen musste und von ihnen überschattet wurde. Außerdem wird der 1960er -und 1970er-Jahre-Feminismus oft mit Männerhass gleichgesetzt. Diese Wahrnehmung des Feminismus ist noch bis heute spürbar und prägt eine ganze Generation von Männern, die heute über solche Themen wie die Frauenquote entscheiden. Vielleicht kommen wir an der Front deshalb so langsam voran, weil ein Großteil der Entscheidungsträger von dieser Phase des Feminismus traumatisiert ist.

Die dritte Welle, deren Beginn Mitte der 1990er-Jahre eingeläutet wurde, zeichnet sich vor allem als Reaktion auf die zweite Welle ab, und diese Reaktion ist zweischneidig. Auf der einen Seite wurden Gegenstände wie BHs, Lippenstifte etc., die in der zweiten Bewegung vor allem als Symbole für die Unterdrückung der Frau galten, wieder aufgenommen und ihre Bedeutung umgekehrt – Feminismus geht auch mit Push-up-BH, Lippenstift und High Heels. Außerdem soll Ausdrücken wie »Bitch« etc. jegliche Negativierung entzogen werden, sodass sie nicht mehr als verbale Waffen gegen Frauen verwendet werden können. Die abfällige Bedeutung soll weggenommen werden, indem die Labels mit Stolz getragen werden. Die dritte Phase zeigt auch auf, dass Ethnizität, Klasse, Religion und Gender alles wichtige Faktoren in der Diskussion über Feminismus sind. Auf der anderen Seite ist die dritte Welle auch davon geprägt, sich vom Begriff »Feminismus« oder »Feminist*in« abzugrenzen. Der Begriff wird als ausschließend aufgefasst, der aufgrund von Gender, Sexualität oder Kultur eben ausgrenzt. Zusätzlich gilt »das F-Wort« in der damaligen, zweiten Welle als radikal und männerhassend geprägt, und davon will man/frau sich abgrenzen. Auch existiert die vorherrschende Meinung, dass die Gleichstellung der Geschlechter bereits erreicht ist oder unsere Gesellschaft sich zumindest bereits auf dem sicheren Weg befindet, sie uns auf dem Silbertablett zu servieren. Es ist nunmehr ein individueller Kampf: »Feminismus – das brauchen wir jetzt nicht mehr.« Die dritte Welle ist stumm und spielt sich hauptsächlich in akademischen Kreisen in den Gender-, Women's- und Men's-Studies ab. [209]

9.2 Die vierte Welle

Obwohl offiziell nur von drei Wellen des Feminismus gesprochen wird, zeichnet sich doch bereits eine vierte Welle deutlich ab; auch Martha Rampton, Professorin für Geschichte und Direktorin des Center of Gender Equity, schreibt, »Eine vierte Welle liegt in der Luft«[210]. Das schrieb sie bereits im Jahr 2008 für das *Pacific Magazine* der Pacific University Oregon – spätestens zehn Jahre später lässt sich mit #MeToo und #TimesUp im Jahr 2018 eine neue Ära des Feminismus nicht mehr leugnen. Junge Frauen sowie junge Männer realisieren, dass die Vertreter*innen der dritten Welle zu optimistisch oder gar blind waren.[211] Auch Jutta Allmendinger sagt in einem Gespräch mit dem ZEW (Leibniz-Zentrum für Europäische Wirtschaftsforschung) Mannheim, dass die jungen Frauen langsam merken würden, dass das alles doch gar nicht so einfach ist und wir noch einiges an Arbeit vor uns haben.²¹² Und wenn jemand öffentlich sagt, dass man/frau, wenn man/frau berühmt ist, »alles machen kann«, und als Präsident der Vereinigten Staaten sagt, »Grab them by the pussy«, dann ist es eindeutig, dass noch einiges getan werden muss. Viele Bereiche, die bereits Thema von vorangegangenen Phasen waren, werden wieder aufgegriffen, wie Gewalt gegen Frauen, sexuelle Belästigung, »Slut-Shaming«, der Druck, einem bestimmten Schönheitsideal zu entsprechen, sowie der Mangel an weiblicher Repräsentation in Politik und Wirtschaft.

Ein besonderes Merkmal der vierten Welle ist der Fokus auf dem »gemeinsam« – »Wir schaffen das gemeinsam«, und man/frau unterstützt sich gegenseitig. Es ist kein individueller Kampf mehr, sondern es geht uns alle an. Gegenseitige Unterstützung kann beinhalten, andere Frauen und ihre Projekte auf Social Media zu teilen, bekannt zu machen, damit sie sichtbar werden; so hat z. B. Beyoncé, die mit Taylor Swift für den Grammy Award der gleichen Kategorie nominiert war, ihre Musikkollegin am folgenden Tag zum Sieg beglückwünscht – keine Spur von Rivalinnenkampf oder »Cat Fight«, sondern gegenseitige Unterstützung. Unterstützung ist auch ein großer Teil der MeToo-Bewegung. Sie soll natürlich auf die Häufigkeit, mit der sexuelle Übergriffe auf Frauen stattfinden, aufmerksam machen, und gleichzeitig bringt sie auch Frauen zusammen, die diese Erlebnisse teilen. Den Opfern soll gezeigt werden, dass sie mit ihren Erlebnissen und Ängsten nicht allein sind und, noch viel wichtiger, dass sie sich nicht dafür schämen müssen. Nicht das Outfit oder das Verhalten des Opfers ist schuld – »Victim Blaming« hat hier keinen Platz mehr.

Sich gegenseitig unterstützen geht außerdem damit einher, dass man/frau sich auch nicht gegenseitig verurteilt: Man/frau kann knappe Kleidung tragen und trotzdem verlangen, respektiert zu werden; man/frau kann sich dazu entscheiden, Kinder und Familie einer beruflichen Karriere vorzuziehen, ohne als antifeministisch bezeichnet oder dafür verurteilt zu werden. Vor allem beim Thema »knappe Kleidung tragen« steht Solidarität ganz oben auf der Liste. Es ist immer noch allzu normal und akzeptiert, dass Frauen beschämt werden, wenn sie »zu freizügige« Kleidung in der Öffentlichkeit tragen. Bei sexuellen Überfällen wird zu oft, zu schnell die Frage nach der Kleidung des Opfers gestellt, als ob das die Hauptursache für den Vorfall sei, und zu wenig Aufmerksamkeit wird dabei der Täter*in entgegengebracht. Die Schuld wird immer noch zuerst beim Opfer gesucht. Anfang März

2021 verschwand die 33-jährige Londonerin Sarah Everard. Ihre Überreste fand man/frau zehn Tage später in einem Wald. Die Mitteilung der Regierung und der Londoner Polizei richtete sich hauptsächlich an Frauen mit der Bitte, sie mögen um ihrer eigenen Sicherheit willen zu Hause bleiben oder sich nur in Begleitung nachts draußen aufhalten. Das sorgte zu Recht für Aufruhr. Der Fokus sollte nicht darauf liegen, Frauen zu ihrer Sicherheit im Haus zu halten, sondern darauf, Täter*innen, von der Straße zu holen und die Straßen sowohl bei Tag als auch bei Nacht für alle gleichermaßen sicher zu machen. Mädchen werden von klein auf darauf hingewiesen, wie gefährlich es besonders für sie ist, sich nach Einbruch der Dunkelheit allein draußen aufzuhalten. Während ihre Brüder mehr oder weniger unbedacht und egal, zu welcher Uhrzeit, außer Haus gehen können, wird Mädchen von Anfang an beigebracht, welche Vorkehrungen sie zu ihrer Sicherheit treffen sollten: Zieh dich lieber nicht zu freizügig an, schau, dass du jemanden hast, der dich nach Hause begleitet, halte deine Schlüssel in der geballten Faust, damit du dich im Notfall verteidigen kannst. Frauen können an einer Hand abzählen, wie oft sie nachts auf dem Nachhauseweg waren und *nicht* von irgendjemandem angesprochen oder auf irgendeine Art und Weise belästigt wurden, und es ist erschreckend, für wie selbstverständlich das hingenommen wird. Es liegt wieder an ihr, weiterzugehen, den Extraschritt zu machen, um selbst sicherer zu sein. Der Fokus muss darauf umgelegt werden, potenziellen Täter*innen vorzubeugen, und nicht darauf, wie potenzielle Opfer sich schützen können.

   Gleichzeitig haben wir immer noch eine unglaubliche Doppelmoral in unserer Gesellschaft: Auf der einen Seite werden Frauen sexualisiert; im Internet, in der Film- und der Musikindustrie etc. Auf der anderen Seite sollen Frauen zu ihrer Sicherheit nachts nicht alleine aus dem Haus gehen, sich nicht freizügig anziehen, wenn sie respektiert werden wollen. Im Mai 2021 veröffentlichten das *Vogue Magazine* und Billie Eilish ihre für sie sehr freizügigen Fotos für die Juni-Ausgabe – die Fotos brachen den Rekord für das Instagram-Foto, das am schnellsten eine Million Likes erreichte. Die Reaktionen darauf waren so stark und so gespalten, wie bei vielen politischen Belangen. Von der einen Seite gab es Lob und Komplimente für die gelungenen Fotos, von der anderen Seite gab es hasserfüllte Kommentare; nachdem sie sich jahrelang in weit geschnittenen Klamotten verhüllt hat, würde sie nun endgültig der »Sex-Sells-Mentalität« der

Musikbranche erliegen. Billi Eilish äußerte sich selbst folgendermaßen im Interview mit *Vogue:*

> »Suddenly you're a hypocrite if you want to show your skin, and you're easy and you're a slut and you're a whore. If I am, then I'm proud. Me and all the girls are hoes, and fuck it, y' know? Let's turn it around and be empowered in that. Showing your body and showing your skin – or not – should not take any respect away from you.«[213]

Bei gegenseitiger Unterstützung geht es aber nicht nur um die Unterstützung von Frauen für andere Frauen, wobei das auf jeden Fall der Hauptfokus ist, sondern auch um Männer, die Frauen unterstützen, denn wie bereits erwähnt, Feminismus geht uns alle an. Darauf hat Emma Watson bereits 2014 in ihrer UN-Rede hingewiesen. Mit ihrer Ernennung zur UN Women Goodwill Ambassador startete sie 2014 die Kampagne »HeForShe (Er für Sie)«, die Jungen und Männer dazu aufrufen will, als Befürworter für Veränderung einzustehen, denn »Wie können wir auf Veränderung hoffen, wenn nur eine Hälfte der Bevölkerung sich dazu eingeladen fühlt, an der Konversation teilzunehmen?«[214] Gleichberechtigung geht auch Männer etwas an. Auch Männer leiden unter Geschlechterstereotypen, scheuen sich davor, um Hilfe zu bitten, weil es sie weniger »männlich« erscheinen lässt, die Rolle des Vaters in der Erziehung wird weniger wertgeschätzt als die der Mutter – hier wären wir wieder bei der Wahrnehmung, dass Pflege und Kindererziehung Frauensache seien. Wenn wir Männer und Männer sich selbst von diesen Stereotypen befreien können, dann werden Frauen infolgedessen automatisch auch von ihnen befreit, so Watson. Wenn Männer sich nicht mehr dazu gezwungen fühlen, zu kontrollieren und zu dominieren, dann gibt es für Frauen auch keinen Grund mehr, sich kontrollieren oder dominieren zu lassen.[215]

Zeitgleich, im selben Jahr (2014), startete das *ELLE Magazine UK* ein Fotoprojekt mit Hollywood-Schauspieler*innen, TV-Moderator*innen, Modedesigner*innen, Politker*innen etc., und veröffentlichte eine Reihe von Porträts, die die Darsteller*innen alle in T-Shirts mit der Aufschrift »This is what a feminist looks like« (»So sieht ein*e Feminist*in aus«) zeigen, und setzt so das Zeichen, dass Feminismus beide Geschlechter miteinbeziehet oder miteinbeziehen muss, versucht aber auch, die negative Konnotation des Wortes abzuschütteln, die sich ebenfalls in der vierten Welle weiter hartnäckig hält. Sich für Frauenrechte einzusetzen und zu kämpfen ist weiterhin oft Synonym für Männerhass und hat »Feminismus« zu einem unbeliebten Wort gemacht. Worte und Ansichten sowie Verfechter*innen des Feminismus werden als zu stark, zu aggressiv, isolierend oder auch unattraktiv wahrgenommen, was dazu führt, dass viele junge Frauen sich aktiv nicht als Feministinnen bezeichnen.[216] Es ist schwer, eine Botschaft an ein möglichst breites Publikum zu übermitteln, wenn es derartige Unstimmigkeiten über das Label gibt.[217] So langsam kann man/frau aber beobachten, dass sich

Abb. 4: »This is what a feminist looks like« (verfügbar unter: https://www.elle.com/uk/fashion/celebrity-style/articles/g23464/feminism-t-shirt-tom-hiddleston-benedict-cumberbatch-emma-watson/ [25.09.2021])

die Wahrnehmung wieder ändert und man/frau sich mehr darauf fokussiert, was bewirkt werden soll, und weniger auf das Pro und Kontra zum Wort, das die Bewegung beschreibt. Die zunehmende globale Vernetzung und der Einfluss der sogenannten Mainstream-Medien sorgen ebenfalls dafür, dass Feminismus 2022 »in« ist.

Abschließend lässt sich zur vierten Welle noch sagen, dass, nachdem die dritte Welle sich zum Großteil hinter verschlossenen Türen und fast ausschließlich im akademischen Bereich abgespielt hat, sie davon geprägt ist, dass sich der Aktivismus wieder nach draußen zu öffentlichen Plätzen bewegt: öffentliche Diskussionen, Märsche auf der Straße, Aktivismus zu Hause, am Arbeitsplatz und über Social Media.[218]

9.3 Fazit

In diesem Kapitel haben wir darauf zurückgeschaut, wie sich Feminismus verändert hat. Wer war/ist involviert? Welche Themen stehen im Fokus? Es lässt sich beobachten: Die Bewegung »Feminismus« wird diverser. Vom hauptsächlich weißen Mittelklasse-Feminismus der ersten Welle über die diversere, aber auch radikale zweite Welle der 1960er- und 1970er-Jahre bis zum heutigen Feminismus, der darauf pocht, alle mit ins Boot zu holen: Menschen jeden Geschlechts und jeden Alters. Vom Wahlrecht über Selbstbestimmung und Sexualität bis zur Annahme, dass Geschlechtergleichstellung erreicht sei und Feminismus nicht mehr gebraucht wird. Gefolgt von der Einsicht, dass dem nicht so ist. Das ist uns in den letzten Jahren noch einmal besonders bewusst geworden. Die vier wichtigsten Punkte, die man/frau zum Abschluss dieses Kapitels im Kopf behalten sollte, sind, dass es nur gemeinsam geht, wir uns vor Augen halten müssen, dass es noch viel zu tun gibt und Feminismus kein aus der Mode gekommenes, veraltetes Artefakt, das im Regal liegt, ist und dass Feminismus nicht als Synonym für »Männerhass« taugt. Laut Wörterbuch[219] ist die Definition für Feminismus die Überzeugung, dass Frauen die gleichen Rechte und Chancen haben sollten wie Männer. Nicht mehr Rechte und Chancen, nicht weniger Rechte und Chancen, sondern gleiche Rechte und Chancen.

10 Zum Schluss

Führen Frauen besser? Die Antwort auf diese Frage liegt, wie bei anderen Interaktionsphänomenen auch, im Auge der Geführten. Und sie hängt sehr von der Wahrnehmung und Bewertung von Verhalten ab. Das wollten wir aufzeigen.

Letztendlich geht es um die Frage: Wie kann uns endlich gleiche Teilhabe gelingen? Es ist klar geworden, dass es noch viel zu tun, andererseits auch zu unterlassen gibt. Deutschland liegt im europaweiten Vergleich weit hinten – zu weit hinten. Auch im 2021 neu gewählten Bundesparlament beträgt der Frauenanteil nur 34 % und ist damit gegenüber der vorigen Wahl nur minimal, um 3 %, gestiegen.[220] Wie kann es vorangehen? Am Ende zeigt sich, dass alle Bereiche, die zur Ungleichberechtigung der Geschlechter beitragen, sich in zwei Kategorien aufteilen lassen: innere Faktoren, d. h. Themen, die Frauen selbst angehen können, und strukturelle Faktoren. Die Konzepte »Held*innenreise« und »Bienenköniginnen-Syndrom« beispielsweise reflektieren Muster, die Frauen selbst bearbeiten können. Zugleich müssen sich strukturelle Bedingungen ändern, z. B. die Gender Pay Gap oder die Besteuerungspolitik.

Sowohl die Ursachen als auch die Lösung liegen in der Wechselwirkung zwischen allen Bereichen und Beteiligten. Uns geht es darum, dass Frauen sich mit ihren eigenen Mustern und Wahrnehmungen auseinandersetzen. Auch Männer müssen überprüfen, inwieweit sie an tradierten Rollenbildern festhalten und es ihnen infolgedessen schwerfällt, ihre eigenen Machtpositionen für mehr Geschlechtergerechtigkeit aufzugeben. Dabei ist Sprache ein wichtiges Element. Sprache schafft Bewusstsein und Bilder. Man kann nicht einfach sagen, dass Frauen bei sich selbst anfangen sollen; ebenso wenig kann man die Verantwortung allein in die Hände der Männer legen. Die Verantwortung liegt auch bei der Politik. Sie muss Strukturen und Regeln schaffen, zum Beispiel durch die Quote, denn nur so werden gleiche Rechte zu gelebter Wirklichkeit. All dies sind Faktoren, die sich gegenseitig bedingen und gemeinsam zum Tragen kommen müssen, um Wirkung zu entfalten.

Unser Ziel war es nicht, ein rein politisches Buch oder einen Ratgeber für Frauen zu schreiben, sondern deutlich zu machen, dass

Männer und Frauen an einem Strang ziehen und ihre Wahrnehmungen stetig überprüfen und hinterfragen müssen.

Danksagung

Ein solches Buch über Frauen entsteht nie allein.
Die Idee zu dem Buch hatte Prof. Dr. Fritz B. Simon. Am Anfang der Corona-Pandemie 2020 brachte er seine Ansicht zum Ausdruck, Frauen würden besser führen. Für diese These hat er viel Zustimmung erhalten. Mit einem Kunstgriff brachte er mich dazu, mich auf den Weg zu machen, dieses Buch zu schreiben. Für diese Ermutigung danke ich ihm sehr.
Nun gehöre ich zu der Generation der Frauenbewegung der 70er-/80er-Jahre. Mir lag daran, in das Buch auch die Perspektive der jüngeren Frauen einfließen zu lassen. Anabelle Holschuh, Jahrgang 1996, hat diese Perspektive eingebracht. Die wunderbar erfrischenden Diskussionen, die wir führten, und ihr Formulierungstalent können nicht hoch genug geschätzt werden. Ich bin ihr sehr dankbar.
Danken möchte ich auch all meinen Kolleginnen, befreundeten Wissenschaftlerinnen und »Führungsfrauen«, die ich während ihrer Laufbahn begleiten durfte. Die Vielfalt ihrer Erfahrungen und Lebensläufe sind die reichhaltigste Quelle für dieses Buch.
Das Team vom Carl-Auer Verlag hat mich sehr gut gestützt und betreut, auch hierfür meinen großen Dank.

Anmerkungen

1 Oxford dictionary, p. 517.
2 Digitales Wörterbuch der deutschen Sprache (DWDS). Verfügbar unter https://www.dwds.de/ [28.12.2020].
3 Es sei hier angemerkt, dass eine Geschlechtsumwandlung in Deutschland ein langwieriger Prozess ist, bei dem Betroffene viele Stationen durchlaufen müssen und einer detaillierten und fragwürdigen Prüfung unterzogen werden. Da dies aber nicht der Kern dieser Arbeit ist, werde ich an dieser Stelle nicht im weiteren Detail darauf eingehen.
4 Vgl. Butler (2004), S. 1.
5 Ebd., S. 1.
6 Butler (2004), S. 9 f.
7 Vgl. ebd., S. 10.
8 Vgl. ebd., S. 16.
9 Wittgenstein (1922), S. 85.
10 Verein Deutsche Sprache (2019): Schluss mit Gender-Unfug! Verfügbar unter: https://vds-ev.de/gegenwartsdeutsch/gendersprache/genderspracheunterschriften/schluss-mit-dem-genderunfug/ [28.12.2020].
11 Ebd.
12 Vgl. Nübling (2020), S. 83.
13 Ebd.
14 Ebd.
15 Ebd.
16 Ebd., S. 83 f.
17 Ebd., S. 85.
18 Mit dieser Aussage hatte sich Thomas Gottschalk endgültig ins Aus geschossen.
19 Vgl. Nübling (2020), S. 87.
20 Ebd., S. 88.
21 Villa (2020), S. 146.
22 Ebd.
23 Ebd., S. 147.
24 Ebd.
25 Butler in Villa (2020), S. 149.
26 Villa (2020), S. 149.
27 Ebd., S. 146.
28 Ebd., S. 146 f.
29 Ebd.
30 Ebd.
31 Ebd.
32 GenderKompetenzZentrum: *Verzerrungseffekte*. Verfügbar unter: http://www.genderkompetenz.info/w/files/gkompzpdf/verzerrungseffekt3form.pdf [03.01.2021].
33 Forschung und Lehre (2019): Bundesregierung setzt auf Genderforschung. Verfügbar unter: https://www.forschung-und-lehre.de/politik/bundesregierung-setzt-auf-genderforschung-1998/ [03.01.2021].
34 Bundesministerium für Bildung und Forschung: Genderforschung. Verfügbar unter: https://www.bmbf.de/de/genderforschung-222.html [03.01.2021].
35 Forschung und Lehre (2019): Bundesregierung setzt auf Genderforschung. Verfügbar unter: https://www.forschung-und-lehre.de/politik/bundesregierung-setzt-auf-genderforschung-1998/ [03.01.2021].
36 Bundesministerium für Bildung und Forschung: Genderforschung. Verfügbar unter: https://www.bmbf.de/de/genderforschung-222.html [04.01.2021].
37 Arno Aschauer ist ein österreichischer Drehbuchautor und Regisseur mit hypnosystemischen Perspektiven.
38 Vgl. allgemein Murdock (1990).
39 MGT-Institut (2018): *Die Heldinnenreise. Eine Reise zur Reintegration des Weiblichen im 21. Jahrhundert nach Maureen Murdock*. Verfügbar unter: http://www.mgt.or.at/mgt-blog/die-heldinnenreise-nach-maureen-murdock/ [15.01.2021].
40 Ebd.
41 Ebd.
42 Ebd.
43 Ebd.
44 Ebd.
45 Siehe auch die beeindruckende Werbekampagne von Always: Like a Girl. Verfügbar unter: https://www.youtube.com/watch?v=XjJQBjWYDTs [21.01.2021].
46 MGT-Institut (2018): *Die Heldinnenreise. Eine Reise zur Reintegration des Weiblichen im 21. Jahrhundert nach Maureen Murdock*. Verfügbar unter http://www.mgt.or.at/mgt-blog/die-heldinnenreise-nach-maureen-murdock/ [15.01.2021].
47 Ebd.
48 Ebd.
49 Ebd.
50 Allmendinger (2021b), S. 25.
51 MGT-Institut (2018): *Die Heldinnenreise. Eine Reise zur Reintegration des Weiblichen im 21. Jahrhundert nach Maureen Murdock*. Verfügbar unter: http://www.mgt.or.at/mgt-blog/die-heldinnenreise-nach-maureen-murdock/ [15.01.2021].
52 Ebd.
53 Ebd.

54 Ebd.
55 Ebd.
56 Ebd.
57 Ebd.
58 Ebd.
59 Ebd.
60 Ebd.
61 Ebd.
62 Ebd.
63 Ebd.
64 Ebd.
65 Ebd.
66 Ebd.
67 Ebd.
68 Ebd.
69 Ebd.
70 Ebd.
71 Ebd.
72 Ebd.
73 Ebd.
74 Allmendinger (2021b), S. 41.
75 Statista.com (2021).
76 Menke u. Klammer (2020).
77 Bundestag (2015).
78 Kuhn u. Thumm (2020).
79 AFP in Paris (2020).
80 Blelawa (2019).
81 Kürschner (2010).
82 Allmendinger (2012).
83 Ebd.
84 Fendel (2020).
85 Kürschner (2010).
86 Allmendinger (2012).
87 Ebd.
88 Kürschner (2010).
89 Allmendinger (2012).
90 Ebd.
91 Ebd.
92 Ebd.
93 Fendel (2020).
94 Allmendinger (2012).
95 Kürschner (2010).
96 Ebd.
97 Ebd.
98 Kürschner (2010).
99 Ebd.
100 Fendel (2020).
101 Ebd.
102 Networking Magazine (2019).
103 Von engl. *me* = »ich«.
104 Vgl. Kurmeyer (2018), S. 269.
105 Siehe unter: https://implicit.harvard. edu/implicit/selectatest.html [15.10.2021].
106 Kurmeyer (2018), S. 270.
107 Ebd., S. 271.
108 Ebd., S. 272.
109 Ebd., S. 271.
110 Ebd., S. 270.
111 Ebd., S. 271.
112 Ebd.
113 Ebd., S. 272.
114 Ebd.
115 Ebd.
116 Ebd.
117 Ebd., S. 274.
118 Edding (2016), S. 113.
119 Ebd.
120 Nagels (2018).
121 Ebd.
122 Edding (2016), S. 45.
123 dpa (2018).
124 Ebd.
125 Vgl. Berufsperspektiven für Frauen. Das Beratungsnetzwerk. Verfügbar unter: https://www.frauen-berufsperspektive. de/news-infothek/die-beruechtigte-frage-nach-der-familienplanung-im-bewerbungsgespraech [15.02.2021].
126 Ebd.
127 Jacobs (2017).
128 Ebd.
129 dpa (2018).
130 Edding (2016), S. 46.
131 Ebd.
132 Ebd., S. 47 f.
133 Arbeitsgemeinschaft für Kinder- und Jugendhilfe – AGJ. (2018), S. 1.
134 Ebd., S. 1 ff.
135 Bundesministerium für Familie, Senioren, Frauen und Jugend. Verfügbar unter: https://www.bmfsfj.de/bmfsfj/themen/kinder-und-jugend/kinderrechte/kinderrechte-ins-grundgesetz/115436 [19.02.2021].
136 Ebd.
137 Ebd.
138 Ebd.
139 Ebd., S. 8 ff.
140 Allmendinger (2012).
141 Heine (2017).
142 Ebd.
143 Ebd.
144 Ebd.
145 Duden Online. Verfügbar unter: https://www.duden.de/node/34325/revision/34354 [04.03.2021].
146 Heine (2017).
147 Eckert (2019).
148 Ebd.
149 Heine (2017).
150 Ebd.
151 Sie war sowohl in der Privatwirtschaft als auch im Staatsdienst üblich; sie trat mit der Verabschiedung des Grundgesetzes 1949 in Kraft, und 1957 wurde vom Bundesarbeitsgericht festgestellt, dass die Zölibatsklausel gegen das Grundgesetz verstößt.

152 Ramelsberger (2015).
153 Heine (2017).
154 Eckert (2019).
155 Edding (2016), S. 90.
156 Lackner (2017).
157 Ebd.
158 Statistisches Bundesamt (2021).
159 Ebd.
160 World Economic Forum (2019), pp. 5 f.
161 Ebd, p. 17.
162 Hömberg (2010), S. 71.
163 World Economic Forum (2019), pp. 17 f.
164 Edding (2016), S. 89 f.
165 McKinsey & Company (2020).
166 Gross (2020).
167 Edding (2016), S. 90.
168 Ebd.
169 Ebd.
170 Das ist auch heute noch beitragender Faktor.
171 Ebenfalls auch noch Beiträger zur Pay Gap.
172 Nagels (2018).
173 Klein a. Posner (2018).
174 World Economic Forum (2019), p. 29.
175 Ebd.
176 Ebd., pp. 4 ff.
177 Spangenberg (2011), S. 9 ff.
178 Ebd., S. 14.
179 Ebd., S. 14 f.
180 Ebd., S. 9.
181 Ebd., S. 16.
182 Ebd.
183 Ebd., S. 16 ff.
184 Hunold (2019).
185 Annett-Katrin Wohlgemuth im Gespräch (2021).
186 Soziale Stereotypen, die über bestimmte soziale Minderheiten existieren (Frauen, Immigranten/Immigrantinnen, Schwarze, Religionsangehörige etc.) beeinflussen unsere Wahrnehmung derer, die diesen Gruppen angehören, und können sich in unserem Verhalten ihnen gegenüber widerspiegeln, ohne dass wir uns dessen bewusst sind oder es überhaupt wollen. Das nennt sich die *unconscious bias*.
187 Fuest (2021).
188 Welter (2021).
189 Vgl. Emhoff, Douglas (DouglasEmhoff): »I'm so incredibly honored and humbled to be the first @SecondGentleman of the United States. As we countdown to Inauguration Day, I've been doing my homework – and looking to the past for inspiration.« 19. April 2021, 17:07 Uhr. Tweet.
190 Obama, B. (barackobama): »At the Queen's side or trailing the customary two steps behind, Prince Philip showed the world what it meant to be a supportive husband to a powerful woman.« 20. April 2021, 16:38 Uhr. Instagram.
191 Ein Portmantauwort ist ein Wort, das sich aus mindestens zwei morphologisch überlappenden Wörtern zusammensetzt und dann einen neuen Begriff ergibt (auch »Koffer-« oder »Schachtelwort« genannt).
192 Solnit (2014), p. 13.
193 Ebd., S. 2 ff.
194 Ebd., S. 3.
195 Ebd., S. 2 f.
196 Ebd., S. 2.
197 Ebd., S. 2 f.
198 Ebd., S. 8.
199 Ebd.
200 Ebd.
201 Ebd., S. 3 f.
202 Ebd., S. 12.
203 Ebd., S. 3 ff.
204 Ebd., S. 14.
205 Ebd., S. 5.
206 Ebd., S. 14.
207 Ebd., S. 9 f.
208 Verfügbar unter: https://mansplained.tumblr.com/ [28.04.2021].
209 Rampton (2008).
210 Ebd.
211 Ebd.
212 Allmendinger (2021b).
213 Snapes (2021): »Auf einmal ist man eine Heuchlerin, wenn man seine Haut zeigen will, und man ist leicht zu haben und eine Schlampe und eine Hure. Wenn ich das bin, dann bin ich stolz darauf. Ich und all die anderen Mädchen sind Hoes, und weißt du? – Fuck it/Scheiß drauf. Lasst uns den Spieß umdrehen und uns die Macht zurückholen. Ob und wie viel wir von unserer Haut zeigen, sollte uns nicht den Respekt nehmen« Übers.: v. U. C.).
214 Watson (2014).
215 Ebd.
216 Ebd.
217 Rampton (2008).
218 Ebd.
219 Oxford Dictionary, verfügbar unter: https://www.oxfordlearnersdictionaries.com/definition/english/feminism [01.10.2021].
220 »Mehr Frauen ins Parlament – aber wie?«. Tagesschau vom 02.10.2021. Verfügbar unter: https://www.tagesschau.de/inland/btw21/bundestag-frauen-101.html [24.02.2022].

Literatur

AFP in Paris (2020): Paris city hall fined for putting too many women in senior roles. The Guardian. Verfügbar unter: https://www.theguardian.com/world/2020/dec/15/paris-city-hall-fined-for-putting-too-many-women-in-senior-roles [23.01.2021].

Allmendinger, J. (2012): Frauenquoten und Quotenfrauen. Verfügbar unter: https://www.youtube.com/watch?v=xwZGgPoyoxo [28.01.2021].

Allmendinger, J. (2021a): Es geht nur gemeinsam! Berlin (Ullstein).

Allmendinger, J. (2021b): #ZEWBookTalk mit Prof. Dr. h. c. Jutta Allmendinger, Ph. D. Verfügbar unter: https://www.youtube.com/watch?v=r5_YMJVmYuE [10.05.2021].

Always Like a Girl: Verfügbar unter: https://www.youtube.com/watch?v=XjJQBjWYDTs [21.01.2021].

Arbeitsgemeinschaft für Kinder- und Jugendhilfe – AGJ (2018): Staat wirkt an Erziehung mit – und wirkt auf Erziehung ein. Positionspapier der Arbeitsgemeinschaft für Kinder- und Jugendhilfe – AGJ. Verfügbar unter: https://www.agj.de/fileadmin/files/positionen/2018/Staat_wirkt_an_Erziehung_mit.pdf [04.08.2021].

Berufsperspektiven für Frauen. Das Beratungsnetzwerk: Die berüchtigte Frage nach der Familienplanung im Bewerbungsgespräch. Verfügbar unter: https://www.frauen-berufsperspektive.de/news-infothek/die-beruechtigte-frage-nach-der-familienplanung-im-bewerbungsgespraech [15.02.2021].

Blelawa, H. (2019): Frauenquote von 0 Prozent: Diese Firmen setzen sich niedrige Ziele. t3n. Verfügbar unter: https://t3n.de/news/frauenquote-von-0-prozent-diese-firmen-setzen-sich-niedrige-ziele-1155678/ [17.06.2021].

Bundesministerium für Familie, Senioren, Frauen und Jugend. Kinderrechte ins Grundgesetz. Verfügbar unter: https://www.bmfsfj.de/bmfsfj/themen/kinder-und-jugend/kinderrechte/kinderrechte-ins-grundgesetz/115436 [17.06.2021].

Bundestag (2015): Gesetz für die gleichberechtigte Teilhabe von Frauen und Männern an Führungspositionen in der Privatwirtschaft und im öffentlichen Dienst. Verfügbar unter: https://dip.bundestag.de/vorgang/.../64384 [15.10.2021].

Butler, J. (2004): Undoing gender. New York (Routledge).

Campbell, J. (2011): Der Heros in tausend Gestalten. Berlin (Insel).

Cary, M. K. (2009): Ruth Bader Ginsburg's experience shows the supreme court needs more women. Verfügbar unter: https://www.usnews.com/

opinion/blogs/mary-kate-cary/2009/05/20/ruth-bader-ginsburgs-experience-shows-the-supreme-court-needs-more-women [17.10.2021].
Digitales Wörterbuch der deutschen Sprache (DWDS). Verfügbar unter: https://www.dwds.de [28.12.2020].
Dohm, H. (1893): Der Frauen Natur und Recht. Berlin (Friedrich Stahn).
dpa (2018): Darf ein zukünftiger Chef nach der Familienplanung fragen? *Süddeutsche Zeitung*. Verfügbar unter: https://www.sueddeutsche.de/karriere/arbeit-darf-ein-zukuenftiger-chef-nach-der-familienplanung-fragen-dpa.urn-newsml-dpa-com-20090101-180119-99-710368 [15.02.2021].
Duden online: Doppelverdiener, der. Verfügbar unter: https://www.duden.de/node/34325/revision/34354 [04.03.2021].
Eckert, D. (2019): Neue Normalität – Deutsche verdienen doppelt. *Welt*. Verfügbar unter: https://www.welt.de/wirtschaft/karriere/article192815051/Doppelverdiener-sind-die-neue-Normalitaet.html [05.03.2021].
Edding, C. (2016): Herausforderung Karriere: Strategien für Frauen auf dem Weg nach oben. Heidelberg (Carl-Auer).
Emhoff, D. (2021): [Tweet:] DouglasEmhoff. I'm so incredibly honored and humbled to be the first @SecondGentleman of the United States. As we countdown to inauguration day, I've been doing my homework – and looking to the past for inspiration. 19. April 2021, 17:07 Uhr.
Fendel, H. (2020): Lasst uns Hochstaplerinnen sein! *Zeit online*. Verfügbar unter: https://www.zeit.de/kultur/2020-10/frauen-quote-geschlechtergleichheit-gleichberechtigung-arbeitsmarkt-kapitalismus-hochstapler-10nach8 [29.01.2021].
Fuest, C. (2021): Ifo Standpunkt 227 vom 16.09.2021. Verfügbar unter: https://www.ifo.de/node/65079 [01.11.2021].
Goodwin, K. (2018): Mansplaining, explained in one simple chart. *BBC*. Verfügbar unter: https://www.bbc.com/worklife/article/20180727-mansplaining-explained-in-one-chart [04.05.2021].
Gross, S. (2020): Pay Gap im Kinderzimmer? *Süddeutsche Zeitung*. Verfügbar unter: https://www.sueddeutsche.de/wirtschaft/gerechtigkeit-pay-gap-im-kinderzimmer-1.4726126 [19.03.2021].
Haunhorst, C. u. J. Stremmel (2015): Mädchen, warum seid ihr nicht gerne in der Unterzahl? *Jetzt*. Verfügbar unter: https://www.jetzt.de/jungsfrage/jungs-fragen-maedchen-warum-fuehlt-ihr-euch-allein-unter-maennern-nicht-wohl [12.04.2021].
Heine, M. (2017): So viel Hass muss man sich doppelt verdienen. *Welt*. Verfügbar unter: https://www.welt.de/kultur/article166265472/So-viel-Hass-muss-man-sich-doppelt-verdienen.html#:~:text=Vom%20Nazi%2DSchimpfwort%20zur%20Vokabel,zur%C3%BCck%20an%20den%20Herd%20wollten.&text=Anfang%20oder%20Zwanzigerjahre%20geschah%20Unerh%C3%B6rtes%20in%20Deutschland [04.03.2021].

Hömberg, W. (2010): Lektor im Buchverlag – Repräsentative Studie über einen unbekannten Kommunikationsberuf. Konstanz (UVK).

Hunold, J. (2019): Frauen trauen sich am Jobmarkt wenig zu. *FAZ*. Verfügbar unter: https://www.faz.net/aktuell/karriere-hochschule/buero-co/frauen-bewerben-sich-eher-fuer-jobs-unter-ihrem-niveau-16251423.html [25.03.2021].

Jackson, P. (Regisseur) (2001–2003): Der Herr der Ringe Trilogie. Neuseeland und USA: New Line Cinema und WingNut Films.

Jacobs, L. (2017): Und Ihr Freund kümmert sich dann um Haus und Garten? *Zeit online*. Verfügbar unter: https://www.zeit.de/arbeit/2017-09/bewerbungsgespraeche-familienplanung-kinder-diskriminierung [15.02.2021].

Klein, E. a. J. Posner (2018): Why women are paid less. (Explained Staffel 1, Folge 18.) (Staffel 1, Folge 18). E. Klein, K. Rozansky, C. Gordon et al. (Produktion), Explained. USA (Vox Media). Verfügbar unter: https://www.netflix.com/de/title/80216752 [17.02.2022].

Kortendiek, B., B. Riegraf u. K. Sabisch. (2018): Handbuch Interdisziplinärer Geschlechterforschung. Wiesbaden (VS Springer).

Kuhn, S. u. J. Thumm (2020): Mehr Frauen in die Chefetagen – das Gesetz zur Frauenquote. Verfügbar unter: https://www.lpb-bw.de/frauenquote-gesetz [22.01.2021].

Kurmeyer, C. (2018): Das »Bienenkönigin-Syndrom«. In: A. Ternés u. C. Wilke (Hrsg.): Agenda HR – Digitalisierung, Arbeit 4.0, New Leadership. Was Personalverantwortliche und Management jetzt nicht verpassen sollten. Wiesbaden (Springer Gabler), S. 269–275.

Kürschner, I. (2010): Qualität durch Quote: Die CSU und die Frauen. FRP-Kommentar. Verfügbar unter: https://www.uni-regensburg.de/philosophie-kunst-geschichte-gesellschaft/forum-rp/medien/kommentar-kuerschner.pdf [27.01.2021].

Lackner, M. (2017): Warum sind Frauen so naiv, wenn es um Geld geht? *Stern*. Verfügbar unter: https://www.stern.de/wirtschaft/geld/ratgeber-geldanlage/frauen-und-geld--warum-so-naiv-beim-thema-geld--ladies--7610866.html [20.03.2021].

Lucas, G. (Regisseur) (1977–1983): Star Wars Trilogy. USA: Lucasfilm Ltd.

McKinsey & Company (2020): Umfrage: Top-Studentinnen fordern 11.500 Euro weniger Gehalt als männliche Top-Talente. Verfügbar unter: https://www.mckinsey.de/news/presse/2020-10-14-top-studentinnen-fordern-11500-euro-weniger-gehalt-als-mannliche-toptalente# [18.03.2021].

MGT-Institut (2018): »Heldinnenreise« nach Maureen Murdock. Eine Reise zur Reintegration des Weiblichen im 21. Jahrhundert. Verfügbar unter: http://www.mgt.or.at/mgt-blog/die-heldinnenreise-nach-maureen-murdock/ [15.01.2021].

»Mehr Frauen ins Parlament – aber wie?«. Tagesschau vom 02.10.2021. Verfügbar unter: https://www.tagesschau.de/inland/btw21/bundestag-frauen-101.html [24.02.2022].

Menke, K. u. U. Klammer (2020): Gender-Datenreport. *bpb*. Verfügbar unter: https://www.bpb.de/izpb/307426/gender-datenreport [27.05.2021].

Murdock, M. (1990): The heroine's journey: Woman's quest for wholeness. Boston (Shambala).

Nagels, P. (2018): Haushalt bleibt Frauensache – auch wenn sie mehr verdient. *Welt*. Verfügbar unter: https://www.welt.de/kmpkt/article172207088/Gleichberechtigung-Haushalt-bleibt-Frauensache-auch-wenn-sie-mehr-verdient.html [14.02.2021].

Nübling, D. (2020): ÜberEmpfindlichkeiten? Die Geschlechter in der Sprache. In: B. Rendtdorff, C. Mahs u. A. Warmuth (Hrsg.): Geschlechterverwirrungen. Was wir wissen, was wir glauben und was nicht stimmt. Frankfurt a. M. (Campus), S. 82–89.

Obama, B. (barackobama) (2021): At the Queen's side or trailing the customary two steps behind, Prince Philip showed the world what it meant to be a supportive husband to a powerful woman. (*Instagram*, 20. April 2021, 16:38 Uhr).

Oberthür, N. (2018): Darf ein zukünftiger Chef nach der Familienplanung fragen? Verfügbar unter: https://www.sueddeutsche.de/karriere/arbeit-darf-ein-zukuenftiger-chef-nach-der-familienplanung-fragen-dpa.urn-newsml-dpa-com-20090101-180119-99-710368 [17.10.2021].

Ramelsberger, A. (2015): Als der Mann zur Last wurde. *Süddeutsche Zeitung*. Verfügbar unter: https://www.sueddeutsche.de/politik/frauen-das-kleine-bisschen-glueck-1.2468158 [06.03.2021].

Rampton, M. (2008): Four waves of feminism. Verfügbar unter: https://www.pacificu.edu/magazine/four-waves-feminism#:~:text=It%20is%20common%20to%20speak,before%20the%20late%20nineteenth%20century. [07.05.2021].

Rendtdorff, B., C. Mahs u. A. Warmuth (Hrsg.) (2020): Geschlechterverwirrungen. Was wir wissen, was wir glauben und was nicht stimmt. Frankfurt a. M. (Campus)

Snapes, L. (2021): It's all about what makes you feel good: Billie Eilish on new music, power dynamics, and her internet-breaking transformation. *Vogue*. Verfügbar unter: https://www.vogue.co.uk/news/article/billie-eilish-vogue-interview [15.05.2021].

Solnit, R. (2014): Men explain things to me. Chicago (Haymarket).

Spangenberg, U. (2011): Geschlechtergerechtigkeit im Steuerrecht?! Bonn (Bonner Universitäts-Buchdruckerei).

Statista.com (2021): Frauenanteil in den Vorständen der 100 bzw. 200 größten deutschen Unternehmen von 2006 bis 2020. Verfügbar unter: https://de.statista.com/statistik/daten/studie/180102/umfrage/frauenanteil-in-den-vorstaenden-der-200-groessten-deutschen-unternehmen/ [27.05.2021].

Statistisches Bundesamt (2021): Wie wird der Gender Pay Gap erhoben und berechnet? Verfügbar unter: https://www.destatis.de/DE/Themen/Arbeit/Verdienste/FAQ/gender-pay-gap.html [23.03.2021].

Villa, P. (2020): Bodies matter. Zur Materialität und Relevanz von (Geschlechts-)Körpern. In: B. Rendtdorff, C. Mahs u. A. Warmuth (Hrsg.): Geschlechterverwirrungen. Was wir wissen, was wir glauben und was nicht stimmt. Frankfurt a. M. (Campus), S. 145–151.

Vogler, C. (1999): Die Odyssee des Drehbuchschreibers: Über die mythologischen Grundmuster des amerikanischen Erfolgskinos. Frankfurt a. M. (Zweitausendeins).

»Warum Frauen Netzwerke brauchen«. *Networking Magazine* 2019. Verfügbar unter: https://networking-magazin.de/2019/12/20/warum-frauen-netzwerke-brauchen/ [03.06.2021].

Watson, E. (2014): Emma Watson at the HeForShe Campaign 2014 – Official UN Video. Verfügbar unter: https://www.youtube.com/watch?v=gkjW9PZBRfk [11.05.2021].

Welter, P. (2021): Tokio sucht neuen Olympia-Chef nach Rücktritt. *FAZ*. Verfügbar unter: https://www.faz.net/aktuell/sport/olympia/japans-olympia-chef-mori-ruecktritt-nach-abfaelliger-frauen-aussage-17193952.html [26.03.2021].

Wittgenstein, L. (1922): Tractatus logico-philosophicus: Logisch-philosophische Abhandlung. London (Kegan Paul).

World Economic Forum (2019): Global Gender Gap Report 2020 (Genf; E-Mail: contact@weforum.org).

Über die Autorin

Ute Clement, Diplom-Psycholgin, Bankkauffrau und Systemische Beraterin; Studium der Psychologie, Wirtschaftspädagogik und Theaterwissenschaft. Zunächst Führungskraft im Bildungsbereich der Daimler AG in Stuttgart. 1995 Gründung der Ute Clement Consulting GmbH mit dem Schwerpunkt Begleitung von Veränderungsprozessen in internationalen Unternehmen. Mitglied des European Network of Female Entrepreneurship Ambassadors sowie Netzwerkpartnerin von Simon, Weber Friends. Veröffentlichung u. a.: *Kon-Fusionen. Über den Umgang mit interkulturellen Business-Situationen* (2011).

Kontakt: www.uteclementconsulting.de

Ute Clement

Kon-Fusionen

Über den Umgang mit interkulturellen
Business-Situationen

Mit einem Vorwort
von Corinna Refsgaard und
einem Geleitwort
von Fons Trompenaars

150 Seiten, 17 Abb., Gb, 2011
ISBN 978-3-89670-767-3

„Das Buch ist nicht nur klug, schlüssig, gut zu lesen und leicht zu verstehen, sondern über Erwarten praxisnah. So warnt Clement davor, kulturelle Unterschiede anzugehen, bevor wirklich ein Problem besteht. Und sich Probleme daraufhin anzugucken, ob sie wirklich mit kulturellen Unterschieden zu tun haben."
Financial Times Deutschland

„Das Besondere dieses Buchs ist, dass es nicht nur ‚klassische' kulturelle Differenzen wie etwa zwischen Deutschen und Engländern beschreibt. Es öffnet auch den Blick für andere Kulturunterschiede, die etwa zwischen verschiedenen Professionen oder Klein- und Großunternehmen entstehen können. Erfreulich und praxisnah. [...] ‚Kon-Fusionen' ist ein Anwenderbuch, das viele Hintergrundinformationen und leicht einsetzbare Übungen bietet. Führungskräfte, Projektmitarbeiter und Berater können von der 15-jährigen Erfahrung der Autorin in sehr unterschiedlichen Veränderungsprojekten, Kooperationen oder Fusionen profitieren."
managerSeminare

„Die Kombination aus theoretischer Klarheit, anschaulichen Beispielen und nützlichen Tools machen dieses Buch zu einer spannenden und informativen Lektüre für alle, die sich in ihrer Arbeit zwischen den Kulturen bewegen."
Corinna Refsgaard
Senior Vice President HR
Fujitsu Technology Solutions GmbH

 Carl-Auer Verlag • www.carl-auer.de

Cornelia Edding

Herausforderung Karriere

Strategien für Frauen auf dem Weg nach oben

198 Seiten, Kt, 2016
ISBN 978-3-8497-0118-5

Der Frauenmangel auf oberen Führungsetagen wird meist nicht mit den Besonderheiten der Unternehmen erklärt, sondern mit den Eigenheiten der Frauen. Die glauben das oft selbst und suchen die Gründe für Misserfolge bei sich. Cornelia Edding dreht diese Sichtweise um. In den Mittelpunkt stellt sie die Unternehmen und die dort wirkenden „unsichtbaren" Hindernisse, die Frauen auf dem Weg nach oben scheitern lassen.

„*Aufstrebende Frauen dürften sich über diesen anschaulich geschriebenen Ratgeber mit seinen praxisnahen Lösungsstrategien freuen. Noch mehr freuen sollten sich Deutschlands Coachs, denn das Buch beschreibt nicht nur vier ‚Aktionsfelder' für die Betroffenen, sondern zeigt auch konkrete ‚Betätigungsfelder' für Business-Coachs auf, die dank Cornelia Edding jetzt endgültig wissen, wie wichtig die Unterscheidung zwischen individuellen Unzulänglichkeiten und organisationalen Fallstricken ist.*"
Wirtschaft & Weiterbildung

„*Viele hilfreiche Anregungen, Fragen zum Nachdenken und gut nachvollziehbare Handlungsbeispiele zeigen, was auf eine karriereambitionierte Frau zukommen kann, wo Sackgassen sind und wie ein erfolgreicher Umgang mit den beschriebenen Klischees möglich ist.*" ekz.bibliotheksservice

„*Dank der unprätentiösen Empathie stärkt und motiviert dieses Buch all die Frauen, die Lust auf Gestaltung haben.*" Elizabeth Kandziora, OrganisationsEntwicklung

Carl-Auer Verlag • www.carl-auer.de

Mechtild Erpenbeck

Wirksam werden im Kontakt
Die systemische Haltung im Coaching

130 Seiten, Kt, 4. Aufl. 2021
ISBN 978-3-8497-0183-3

„Dieses Buch halte ich für wegweisend. Der einfach klingende Begriff ‚Kontakt' wird hier klug und tiefgehend in seiner ganzen Komplexität durchdrungen und erfasst dabei die relevanten Ebenen innerlicher wie interaktioneller Prozesse bis hin zu Aspekten der Machtdynamik in Organisationen. Mechtild Erpenbeck zeigt mit sensiblem Gespür auf, wie zentral Haltung, Wert- und Sinnorientierung in den Kooperationsprozessen eines Coachings sind – und wie viel wichtiger für ein würdigendes Gelingen auf Augenhöhe als eine reine Tool-und-Technik-Orientierung. Mit großer Sachkunde und enormer Erfahrung führt sie wertvolle Positionen unterschiedlicher Konzepte differenziert zusammen und weitet damit den Blick der Leser. Mit ihrer reflektierenden Bereitschaft, sich selbst zu hinterfragen und weiterzuentwickeln bietet sie ein ideales Modell für alle, die sich für Coaching als zielorientierte Begegnungs- und Kooperationskunst interessieren. Wer fundiertes Coaching betreiben will, kommt an diesem Buch nicht vorbei."   Gunther Schmidt

„Ich bin ja nicht oft geneigt, ein Buch einfach rundum gut zu finden. In diesem Fall ist das anders: ‚Wirksam werden im Kontakt – Die systemische Haltung im Coaching' von Mechtild Erpenbeck ist ein wirklich gelungenes Buch, welches die Bedeutung von Kontakt für Beratung wunderbar beleuchtet. Der klare Stil, der wertschätzende Ton, die Differenziertheit in der Sache und die Klarheit der Bezüge – alles spricht mich sehr an. Ich werde es in unserer Ausbildung zur Standardlektüre im Kontext unserer eigenen Theorie machen."   Klaus Eidenschink

 Carl-Auer Verlag • www.carl-auer.de

Ruth Seliger

Systemische Beratung der Gesellschaft

Strategien für die Transformation

226 Seiten, Kt, 2022
ISBN 978-3-8497-0400-1

Veränderungsprozesse leben vom Engagement der Beteiligten. Wo sie ganze Länder betreffen, sind das neben der Zivilgesellschaft vor allem Unternehmen und gesellschaftliche Institutionen. Die Kraft für solche Prozesse entsteht im Spannungsbogen zwischen den Analysen von Expert:innen einerseits und den Visionen und Zielen der Handelnden andererseits. Dazwischen klafft häufig eine Lücke – an den Herausforderungen, vor denen die Menschheit aktuell steht, lässt sich das bestens beobachten. Wie kommt man von der Analyse zu einer Strategie der Umsetzung so wichtiger Ziele? Wie werden wir wirksam?

Ruth Seliger beschäftigt sich als Organisationsberaterin seit Jahrzehnten mit Veränderungsprozessen und Musterwechseln in hochkomplexen Systemen. In diesem Buch verbindet sie ihre praktische Erfahrung in der Gestaltung von Strategien und deren Umsetzung mit einem systemischen Blick auf Organisationen, Führung, Change-Management und Gesellschaft. Das Buch startet mit einer Bestandsaufnahme der Herausforderungen und notwendiger Veränderungsprozesse im Hinblick auf Ökonomie, Ökologie und Demokratie. Im Anschluss stellt die Autorin konkrete Formen der Prozessgestaltung und Strategieentwicklung für gesellschaftliche Veränderungen vor und fasst sie in anschauliche Modelle. Am Ende ergibt sich daraus ein Instrumentarium für mehr oder weniger radikale Transformationen, das allen engagierten Menschen und Organisationen „zur freien Entnahme" zur Verfügung steht.